Tudo
Vale a
Pena,
Quando
a Alma
Não é
Pequena.
"Fernando Pessoa"
EX-LIBRIS
Frederico Guilherme Costa

COLEÇÃO

Universidade

EDITORA MAÇÔNICA
A TROLHA

Frederico Guilherme Costa
Mestre em História pela UERJ

Ensaios Maçônicos

Volume 1

Editora Maçônica "A TROLHA" Ltda.
Av. Maringá, 335 – Fone (43) 327-1982 – Fax (43) 348-0915
Cx. Postal 938 – CEP 86001-970 – Londrina – PR

Londrina, março de 2002

Obediência: Grande Oriente do Rio de Janeiro – GOB

Coordenação Geral:
Conselho Editorial

Preparação e Diagramação:
Maristela Meneghetti

Capa:
Ulisses Ricardo Merede Candreva

Revisão:
Virgínia Cristina Audi Ayres

Impressão e acabamento:
MaXiprint Gráfica e Editora Ltda.

Dados Internacionais de Catalogação na Publicação (CIP-Brasil)
CATALOGAÇÃO NA FONTE

C838e Costa, Frederico Guilherme
Ensaios Maçônicos / Frederico Guilherme Costa. — 1ª ed. — Londrina: Ed. Maçônica "A TROLHA", 2002.
184p.: V1.; 20,2cm. — (Coleção Universidade).

ISBN: 85-7252-133-X

1. Maçonaria – Ensaios. I. Título.

CDD 366.1
CDU 061.236.6

Índice para catálogo sistemático:

1. Maçonaria – Ensaios
061.236.6 (CDU)

EDITORA MAÇÔNICA A TROLHA

EDITORA MAÇÔNICA "A TROLHA" LTDA.
Av. Maringá, 335 – Centro
86060-000 – Londrina – PR
Cx. Postal 938 – CEP 86001-970
Fone: (43) **327-1982** – Fax: (43) **348-0915**

Sumário

Prefácio

Alguns anos atrás, Xico Trolha, fazendo a apresentação de um novo livro de Frederico Guilherme Costa, dizia que esse Irmão, advogado de nomeada, no Rio de Janeiro, voltara aos bancos escolares com o fito de se tornar historiador.

Aquilo me causou admiração, o que me levou a ler tudo o que Frederico escrevia, procurando descobrir por que razões ele voltara à Universidade.

Tornei-me grande admirador do jovem escritor e descobri que a sua meta principal era combater as invenções e os achismos, pugnando para que os Maçons passassem a respeitar um pouco mais a História.

A verdade é que ele é um amante da *verdade histórica* e é, hoje, um dos poucos historiadores ***de verdade*** da Maçonaria.

No dia 5 de março de 1999 estive no Rio de Janeiro e assisti à defesa que Frederico fez de sua Dissertaçao de Mestrado, cujo título me chamou a atenção: **A Maçonaria e a Emancipação Lenta e Gradual do Trabalho Escravo**.

Uma das salas da Universidade do Estado do Rio de Janeiro (UERJ) recebia um bom número de pessoas, entre as quais dois admiradores do candidato a Mestre de História: Xico Trolha e Raimundo Rodrigues.

E valeu à pena... Assistimos a uma extraordinária exibição de conhecimentos que jamais supus alguém fosse capaz de ter sobre o tema da Dissertação. Conclusão: Frederico Guilherme Costa alcançava o grau de Mestre em História **cum laude**.

Todos os que assistiram àquele verdadeiro "mar" de conhecimentos, saíram dali vivamente impressionados com o que viram e ouviram.

Todo este nariz de cera para dizer-lhes que acabei de ler, página a página, os originais de **ENSAIOS MAÇÔNICOS**, livro que irá enriquecer a biblioteca da literatura maçônica brasileira, da autoria desse Mestre de História, Frederico Guilherme Costa.

Logo de início, o livro traz o discurso que o autor pronunciou, saudando, como orador oficial, a nova Diretoria da Academia Maçônica de Artes, Ciências e Letras – AMACLE. Nesse discurso, o orador traz à balha a discussão sobre a Maçonaria dentro da categoria das sociabilidades e projeta o assunto da forma que somente um Maçom possuidor de cultura invulgar poderia fazê-lo.

O livro agenda vinte e oito temas, todos tratados com grandes conhecimentos, em estilo admiravelmente original, em linguagem simples, porém escorreita.

Logo no segundo capítulo, o autor diz ao que veio:

> *Boa parte da minha vida tem sido dedicada à pesquisa da Maçonaria. Esta ligação tornou-se mais efetiva, quando participei da fundação de diversos centros de estudos maçônicos e levei para o meio universitário os resultados do meu trabalho.*

E acrescenta:

> *Ao fazer esta escolha, sabia muito bem que resgatar a História da Maçonaria brasileira seria uma tarefa árdua, pois trata-se de um mundo contingente, facilmente percebido através da historiografia turiferária ou antimaçônica, ao lado do complicador das fontes desaparecidas.*

No capítulo Filosofia e Maçonaria, Frederico deixa a descoberto os seus conhecimentos filosóficos, que não são poucos, antes pelo contrário, e aponta, com justeza, a influência que o filósofo

John Locke exerceu sobre os autores da Constituição Maçônica de 1723, através da obra **Carta sobre a Tolerância**.

Mais adiante, o historiador-filósofo mostra seu conhecimento e sua grande admiração por Hegel. A certa altura, afirma com convicção:

> *Em Hegel, a Filosofia e a História se encontram. Foi o filósofo que decididamente mudou a concepção da História.*

Tenho certeza que, se Vico pudesse agasalhar ciúmes em seu peito, a esta hora, lá onde se encontra, estaria roendo as unhas.

Quanto aos conhecimentos filosóficos de Frederico Guilherme Costa eu, de há muito, já os havia percebido.

Aliás, não só o Mestre em História, mas também o filósofo, estão presentes no Livro **Maçonaria sem Fronteiras** que a Editora "Hugin Editories Ltda.", de Lisboa, publicou em janeiro deste ano de 2001, fazendo parte da coleção Biblioteca Maçônica e ao lado de escritores como Jorge de Matos, Luís Nandim de Carvalho, Foster Bailey, Armando Santinho da Cunha e Joaquim Maria Zeferino, autores que engrandecem a literatura maçônica na terra de Portugal.

Entre os vários capítulos deste livro que tenho debaixo dos olhos **Ensaios Maçônicos** cumpre destacar *Missão e Objetivos da Maçonaria, Imprensa Maçônica no Brasil, Uma Visão Recente da Cidade de Paraty e a Maçonaria, Maçonaria Conservadora?, Filosofia e Maçonaria, Nandim de Carvalho e a Cisão na Grande Loja Regular de Portugal, José Álvares Maciel e a Maçonaria, O Babuíno de Madame Blavatsky, etc., etc.*.

Se eu quisesse analisar o livro de Frederico Guilherme Costa, capítulo por capítulo, teria que escrever outro livro com, no mínimo, duzentas páginas.

Publicando esses ENSAIOS MAÇÔNICOS, a Editora "A TROLHA" estará fornecendo aos Maçons brasileiros mais um compêndio de grande valor cultural.

Raimundo Rodrigues

Apresentação

Os nossos sócios do Círculo do Livro Maçônico e os nossos leitores, em geral, já conhecem, de sobejo, o escritor ***Historiador Maçom*** *– Frederico Guilherme Costa. Ele já demonstrou e provou por que veio. Vejamos o que o* ***INFORMABIM****, lá do Recife, sob a direção do Irm∴ Antônio do Carmo Ferreira, escreveu sobre ele, no seu Nº 62, de janeiro de 2002.*

Deu N'"A TROLHA"

Chama-nos a atenção o Artigo publicado às páginas 31 e 32, de "A TROLHA", em sua edição número 183, em circulação neste mês de janeiro de 2002. Trata-se de um trabalho do Irmão Frederico Guilherme Costa, que desenvolve o título *NOVOS RUMOS PARA A MAÇONARIA BRASILEIRA.* ***O assunto é muito palpitante, porque todos nós desejamos que a Ordem, não só esteja hoje numa situação privilegiada, mas que, amanhã, ela se encontre numa posição muito mais evidente. E este "Novo Rumo", é preciso, desde logo, identificar. É preciso saber qual é, imediatamente. Então as idéias e sugestões do Irmão Frederico G. Costa, neste particular, são dignas de leitura e podem ser levadas ao campo das valiosas contribuições. Um Maçom que se dedica à Ordem.***

Um pesquisador do maior respeito. Um historiador de formação universitária, tendo dissertado Tese e Mestrado na especialidade maçônica. Um escritor com cadeira cativa na Literatura Maçônica Brasileira. Basta ver seus livros, especialmente, os dedicados à integração – MAÇONARIA NA UNIVERSIDADE...

Realmente, o Irmão Frederico Guilherme Costa, a cada novo livro que escreve, estabelece uma nova marca, um NOVO RUMO, não só para a Maçonaria, mas para a Historiografia Maçônica Brasileira.

Neste **ENSAIO MAÇÔNICO**, *nos dá uma amostragem de um bom número de* **TEMAS MAÇÔNICOS**, *porque ele vem recebendo tantos elogios – tanto dos escritores, seus pares, como dos leitores de seus livros; que, só com a Editora Maçônica "A TROLHA", já está na casa dos 20 títulos. Ninguém escreve, se seus escritos não são lidos.*

Eu sou suspeito em meus elogios, pois sou seu principal editor; não deveria ser suspeito, pois, também, venho escrevendo alguns livros.

Para nós que vivemos enfiados dentro desse mundo livreiro maçônico, desde 1984, já temos um pouco de experiência, em relação ao autor – bom, médio e fraco. Ele é um dos melhores autores maçônicos que temos.

Vocês sabem, isso aqui não é um Prefácio, é apenas uma Apresentação de mais uma obra do autor. Para se escrever um **Prefácio** *é necessário que se leia toda a Obra, que se analise, ponto a ponto. Já uma* **Apresentação**, *é só uma vista d'olhos sobre o conteúdo da Obra; no caso, o livro que se está* **lançando**.

Esperamos, também, que este novo lançamento do Irmão e autor, Frederico Guilherme Costa, tenha a mesma aceitação que todos os outros seus Irmãos tiveram. Mas, só saberemos isso se lermos esse livro; portanto, vamos lá.

Esperamos, ainda mais, que nos escrevam, nos informando de suas impressões, sobre mais este lançamento da nossa Editora.

Londrina, março de 2002.
Xico Trolha

Discurso de Saudação à Nova Diretoria da Academia Maçônica de Artes, Ciências e Letras de São Paulo, Empossada em 5 de Maio de 2000

Exmº Sr. Presidente da Academia Maçônica de Artes, Ciências e Letras, professor Raymundo Rodrigues;
Exmº Sr. Hermes Elias de Moura, Presidente recém-empossado;
Demais diretores;
Autoridades presentes;
Senhores acadêmicos;
Minhas senhoras;
Meus senhores;

Deixa hoje a presidência desta Academia o meu Irmão, mestre, amigo e conselheiro, Raymundo Rodrigues. Este filho do Acre, professor, jornalista, poeta, romancista, filósofo, é citado na Enciclopédia de Literatura do MEC, 1990.

Raymundo é um homem com sensibilidade humanista e de rara visão. Sempre atento aos movimentos e às tensões que constituem os fatos históricos, foi capaz de tornar realidade a sua visão deste sodalício preocupado com as artes, ciências e letras.

Tenho a honra de beber com entusiasmo o pensamento deste meu Irmão que, como nenhum outro, tem me oferecido o ombro amigo, sempre no silêncio para não ofender a quem quer que seja, mesmo aqueles que mereceriam uma justa denúncia. Pois esta é a essência magnífica de Raymundo Rodrigues. Marido exemplar, pai e avô dos grandes. Perguntem a sua neta o quão grandioso é o seu avô. Tenho muito a dizer sobre este notável Irmão, mas todos que aqui estão o conhecem e admiram as suas virtudes. Sabem que ele já cavou as masmorras aos vícios e permanece edificando templos à virtude.

Seu sucessor, Hermes Elias de Moura, nas palavras de Antônio do Carmo, ao prefaciar o livro em que Hermes nos conta boa parte da sua vida, declara: "Hermes Elias de Moura é um nordestino de Pernambuco, um leão do norte para falar a linguagem das evocações. Determinado antes e agora. Aprendeu desde cedo a ser intimorato".

Chegou nesta cidade de São Paulo aos 14 anos. Contra todo tipo de sofrimento respondeu com a sua vitória pessoal. Ele mesmo atesta na sua obra que tinha sonhos que sabia não poder realizar nem ali, onde nascera, nem em Caruaru, nem mesmo no Recife. Quando dizia às irmãs qual era o seu sonho, elas riam, passavam a mão na sua cabeça e diziam: – coitadinho, tão inocente!

Hermes tornou-se mecânico e, como tal, trabalhou em várias empresas em São Paulo. Sua fábrica LORD I, ele a fundou em sociedade com dois amigos, que logo o abandonaram.

Fabricou sacos de plástico para lixo. Fundou depois a LORD II em Sorocaba, onde com a esposa (a quem ele atribui grande parte de seu sucesso como empresário), seus dois filhos, Herman e Weuler vai tocando uma das maiores indústrias de plástico de São Paulo. Já está montando outra fábrica em Sorocaba. Em poucos anos já prestou tantos benefícios àquela cidade que recebeu o título de "cidadão sorocabano".

É membro ativo da Loja Maçônica "9 de Julho" de São Paulo. Autor do livro "MINHA HISTÓRIA, MINHA VIDA".

É este empreendedor, este vencedor e Irmão aquilatado, o novo presidente desta nossa Academia. Sua tarefa será amena, pois seus companheiros de trabalho representam o que nós temos de melhor, de fraterno e de saberes.

Já discutimos a mão cheia a Maçonaria dentro da categoria das sociabilidades. Nas suas origens, preocupada em estudar e analisar as mais freqüentes práticas de leitura, nas trocas culturais na formação das elites intelectuais, nas esferas pública e privada. Uma sociedade discreta composta de homens livres e de bons costumes.

Ocorre que, presentemente, estamos questionando os propósitos da sociedade, as tendências mais marcantes na formação de um campo cultural de produtos simbólicos, contrapondo as formas de surgimento de esferas públicas e privadas no campo do intercâmbio cultural.

Presentemente temos de levar em consideração o formidável desinteresse pela Instituição, tanto da chamada vanguarda intelectual da sociedade brasileira, quanto dos segmentos ditos populares, que a vêem como autoritária e reacionária.

É verdade que a historiografia maçônica tem melhorado muito. Cursos universitários, nos países do chamado Primeiro Mundo, proliferam. No Brasil temos alguns pesquisadores de peso, Lojas de Pesquisas e Academias de Letras que não deixam a desejar às suas congêneres no exterior.

Classificar a Maçonaria dentro da categoria das sociabilidades não significa alterar ou modificar as suas características multifuncionais. Assim, temos a Iniciação com as suas exortações, precedida de uma investigação completa do Candidato e a sua posterior evolução nos chamados Graus Simbólicos. O aperfeiçoamento do ego, transmudando "a pedra bruta na polida", "edificando templos à virtude"; "cavando masmorras ao vício".

A Maçonaria não é, todavia, uma sociedade caritativa. Fraternalmente preocupada com o bem-estar dos seus membros, estimula a prática da caridade, mas não se enquadra na categoria das sociedades beneficentes. Em alguns lugares, eventualmente, estimula sociedades paramaçônicas voltadas, estas sim, para a filantropia.

A proposta maçônica de desenvolvimento interior deve ser compreendida na sua base intelectual, com a sua moral elevada e a prática da sua filosofia, consubstanciada na sua ética que não admite sectarismo nem dogmas insustentáveis. Sua fórmula referencial ao Grande Arquiteto do Universo deve ser vista como neutra e estabilizadora das tendências religiosas e afins.

Todas estas considerações foram feitas com o propósito de identificar a Maçonaria dentro da categoria própria para num segundo momento, questionar a sua posição frente aos novos tempos, e dizer: falar sobre as alternativas da Maçonaria brasileira. Propor ao Maçom brasileiro a busca da sua grandeza e o abandono de todo tipo de mediocridade.

É viço antigo de determinados Maçons sentirem-se desagradados quando indagados do proselitismo turiferário, que associa a Maçonaria brasileira a todo e qualquer movimento da história pátria. Os pesquisadores sérios têm, com rara agudeza, colocado estes poucos a nu, usando a firmeza da pesquisa, como no caso do Tiradentes Maçom (sic), para ficarmos, por enquanto, neste único episódio.

Esta aparência de uma mentalidade fechada, intransformável, é só a parte menor da Instituição, mas nem por isso menos preocupante. Estou convencido de que há inúmeras maneiras de mudar a mentalidade canhestra, escudada na desculpa esfarrapada do "sigilo maçônico".

É preciso que os verdadeiros intelectuais da Ordem partam para o engajamento, dando palestras nos diversos segmentos maçônicos, tentando levantar uma discussão sobre as alternativas da Maçonaria brasileira, mas sabendo que antes de transformar é preciso, primeiro, transmudar-se.

Deixar de lado uma situação completamente segura, ausente do debate, e começar a trabalhar sem se incomodar com os ataques às novas idéias. Não sentir nada. Saber que está preparado e direcionado para o bom combate. Lidar com os inevitáveis desapontamentos, surpresas, traições. Abandonar o discurso da nênia: a lengalenga de lamentações, incapaz de mudar o sistema. É assim que eu compreendo o engajamento.

Não defendo um romantismo como solução transformadora. Estou buscando uma trajetória de mudanças pontuais, como está nos meus artigos, notadamente na coluna publicada pela "A TROLHA", intitulada Maçonaria na Universidade. Acredito que não é possível haver mudanças na mentalidade daquele mencionado grupo de Maçons brasileiros – mudanças que caminhem na direção de uma revisão historiográfica da efetiva atuação da Maçonaria brasileira – sem haver uma participação organizada da elite culta da Instituição.

As alternativas aqui propostas não devem induzir os mais afoitos a uma identificação delas com qualquer tipo de rebeldia, apesar de concordar com aqueles que dizem ser ela uma solução frente à complacência. O que desejo é sacudir as estruturas intelectuais da Maçonaria brasileira; impedir a perseguição ideológica dos nossos ilustres pensadores e adotar medidas comuns na direção da pesquisa acadêmica a respeito de nós mesmos.

Não podemos continuar neste determinismo histórico de poucos em detrimento do interesse maior da nossa história. O Maçom brasileiro quer isto. A grande questão é acreditar que nós, que escrevemos a história da Maçonaria brasileira, somos capazes deste enorme desafio. A crise não é o fim; é o começo da transformação...

Muito Obrigado!

Brasil 500 Anos e a Maçonaria – Uma Interação Histórica

No dia 29 de abril de 2000, a Loja Maçônica "Vigilantes da Lei", na cidade do Rio de Janeiro, promoveu um seminário visando proporcionar, através da interação da família maçônica, um amplo espaço para apresentação e debate desta questão histórica fundamental para o aperfeiçoamento dos cidadãos; pelo conhecimento e reflexão acerca do processo de descoberta oficial do país e da possível participação da Maçonaria na construção da cidadania brasileira[1].

Na descrição institucional temos que a Loja Maçônica "Vigilantes da Lei" foi fundada em 13 de setembro de 1946 e é jurisdicionada à G∴ L∴ M∴ E∴ R∴ J∴. Tem como objetivo "fazer feliz a humanidade", através do aperfeiçoamento moral e espiritual de seus integrantes. Constituída de cidadãos que se reconhecem como irmãos que praticam o amor em seus atos, têm respeito às leis, à família e à pátria. Sua base está galgada na Liberdade,

[1] Esta proposta se encontra no folheto distribuído aos presentes.

Igualdade e Fraternidade. Reúne-se regularmente às segundas-feiras, no Palácio Maçônico sito à Rua Mariz e Barros, 945 – Tijuca.

Estavam programadas 4 palestras. Ocorre que o palestrante Fernando Paiva da Rocha Filho – Médico e Grande Chanceler das Relações Exteriores da GLMERJ, adoentado, não pôde comparecer e por isso, incumbiram-me, à derradeira hora, de abordar o seu tema: A Maçonaria no Brasil.

A primeira palestra, brilhantemente conduzida pelo professor Luiz Edmundo Tavares, UERJ, teve como tema o contexto mundial e o processo de descobrimento do Brasil. A segunda apresentação tratou da formação social brasileira e foi muito bem conduzida por Edson Roberto Moscoso da Costa, membro da Ordem De Molay e professor de História formado pela UFRJ.

Finalmente, coube a mim discutir a participação da Maçonaria na libertação gradual dos escravos. São essas discussões que passo a transcrever. De parabéns, pelo evento, não só a Loja "Vigilantes da Lei", mas, igualmente, a Ordem Internacional das Filhas de Jó, a Ordem Estrela do Oriente, a Ordem De Molay para o Brasil e o grupo feminino "As Vigilantes", co-patrocinadores do evento.

No dia 5 de março de 1999 defendi a minha Dissertação de Mestrado, com o título "A Maçonaria e a Emancipação Lenta e Gradual do Trabalho Escravo", na Universidade do Estado do Rio de Janeiro (UERJ).

A dissertação teve por escopo a proposta ilustrada da abolição lenta e gradual e o papel desempenhado pela Maçonaria Brasileira nesta direção.

A base teórica foi a Ilustração e os fundamentos dialéticos hegelianos: a tese como razão; a antítese como a natureza e a síntese, os Maçons que agem no tempo, na História.

O estudo buscou demonstrar a possibilidade da integração das atividades maçônicas nas ciências do homem, como um dos aspectos integradores da história social, política e cultural da história das mentalidades e do pensamento.

Esta iniciativa deve possibilitar o estudo da Maçonaria em todas as universidades brasileiras. Espero que este meu trabalho estimule novas dissertações e Teses de doutoramento sobre a história da Maçonaria nos últimos anos, assim como monografias de bacharelado.

Procurei, no Mestrado, reexaminar o que foi a experiência histórica da Maçonaria no momento em que se discutia a emancipação lenta e gradual do trabalho escravo no Brasil Imperial. O aprofundamento do conhecimento do passado maçônico permitiu que eu tomasse consciência de fatos determinantes que não deveriam ficar apenas à disposição dos Maçons, uma vez que o conhecimento histórico deste passado é, efetivamente, relevante para todos.

O quadro geográfico da pesquisa se ajustou praticamente a todo o território nacional, uma vez que estávamos tratando com o Grande Oriente do Brasil, um Poder Central liderando um sistema federativo.

Um dos fatos determinantes que tratei foi o papel da Maçonaria na ante-sala do movimento republicano. Mostrei que enquanto Instituição esteve ausente, mas esta atitude de não se envolver em política partidária, um dos preceitos estatutários de toda e qualquer Maçonaria regular, não recebeu a concordância de todos os Maçons.

Tive a preocupação de buscar a comprovação da condição de Maçons de todos os vultos citados. Para tanto utilizei como fontes os documentos constantes nos arquivos do Grande Oriente do Brasil e as obras de José Castellani "Os Maçons que Fizeram a História do Brasil", São Paulo: Editora "A Gazeta Maçônica", 1972 e de Nicola Aslan "Pequenas Biografias de Grandes Maçons Brasileiros", Rio de Janeiro: Editora Maçônica, 1973. As fontes secundárias foram sempre mencionadas.

Procurei mostrar que o panorama dos estudos maçônicos vem sofrendo significativas transformações, adquirindo novas abordagens. Estava me referindo aos cursos e produções acadêmicas ministrados nas Universidades na Europa.

Seguindo os passos do Velho Continente, demonstrei que o avanço dos estudos maçônicos tornava oportuna a retomada das pesquisas sobre as atividades desempenhadas pela Maçonaria brasileira – Instituição que de forma ímpar trabalhou pela Independência –, na direção da abolição ***lenta e gradual*** da escravidão, além da própria proclamação da República.

Boa parte da minha vida tem sido dedicada à pesquisa da Maçonaria. Esta ligação tornou-se mais efetiva, quando participei da fundação de diversos centros de estudos maçônicos e levei para o meio universitário os resultados do meu trabalho.

Ao fazer esta escolha, sabia muito bem que resgatar a História da Maçonaria brasileira seria uma tarefa árdua, pois trata-se de um mundo contingente, facilmente percebido através da historiografia turiferária ou antimaçônica, ao lado do complicador das fontes desaparecidas.

O que mais me surpreendia quando acessava as obras que se ocupam da Maçonaria, tanto aquelas produzidas por historiadores Maçons ou não, era, em geral, a insuficiência de fontes documentais e o uso quase constante de informações hipotéticas, mas não de ***hipóteses,*** fundamentais em um trabalho científico, como elemento de trabalho.

Isto me obrigou a trabalhar cautelosamente com determinadas fontes secundárias para tratar com esta insuficiência de fontes documentais. Assim, parti de alguns importantes autores como Benimeli e Oliveira Marques para definir as características e importância das origens e do ideário da Maçonaria Moderna. Desta maneira, o estudo nestas fontes permitiu responder aos questionamentos a respeito de determinado meio alternativo de sociabilidade preocupado com o humanismo e com o humanitarismo.

Admito, todavia, que estudar a Maçonaria apresenta uma dificuldade adicional em nome de um ***segredo*** tão mal compreendido pela maioria dos seus membros.

Historicamente tenho como certo que em nome deste segredo a Maçonaria foi perseguida, tanto pelos poderes temporais, como pelos espirituais. As condenações foram inúmeras. Mesmo antes das proibições eclesiásticas os governos da Holanda, Suíça, França, Alemanha, Itália, Portugal, Áustria, entre outros, anteciparam-se à bula ***In Eminenti*** de Clemente XII. Presentemente estamos nós, os pesquisadores, sofrendo a ausência das fontes primárias, muitas delas suprimidas provavelmente em nome do equivocado entendimento deste ***segredo.***

Com certeza, o falso entendimento do ***sigilo maçônico***, tem dificultado o acesso aos arquivos da Instituição. Entretanto, alguns dirigentes compreenderam que para fazer a História da Instituição não é possível esconder as Atas e os pronunciamentos ao "povo maçônico". Foram eles que autorizaram a entrega de numerosas e importantes fontes para o desenvolvimento do trabalho.

Presentemente, posso dizer que a História se faz ***apesar dos documentos***, na medida em que estes, muitas vezes, escamoteiam o conhecimento histórico. Por isso procurei proceder com muita cautela ao examinar as ***fontes*** produzidas no ***calor da hora***, mesmo que publicadas posteriormente.

Diante ou não do documento, utilizei o método dialético e comparativo que me permitiu conhecer o *movimento histórico* e, principalmente, a revisão e retificação do anteriormente afirmado. Confiei desconfiando para a concretude da dissertação, dentro das novas tendências que se impõem para uma revisão da historiografia maçônica[2].

Quanto aos pressupostos teórico-metodológicos que teriam orientado o pensamento dos Maçons temos, em primeiro lugar o Iluminismo com todos os seus desdobramentos desde a ênfase na importância do documento à crítica com relação ao rigor científico[3].

Neste sentido a *razão* iluminista e a história como discurso não excluem o ***mito*** como representação: eles se entrelaçam. A *certeza* do papel da Maçonaria na luta pela eliminação da escravidão, como construção histórica, se alimenta tanto da razão, quanto da utopia defendida nas Lojas, nas lendas maçônicas de conteúdo ético e na premissa de que todo Maçom é um "homem livre e de bons costumes". Isto deve ser observado quando da participação da Maçonaria no movimento emancipacionista.

No que se refere ao tratamento metodológico a que as fontes foram submetidas, analisei o comportamento da Maçonaria brasileira de acordo com o contexto da época.

---

[2] Para um completo entendimento destas novas abordagens e a cautela que devemos ter no exame das fontes veja Oliveira Marques, ***História da Maçonaria em Portugal. Das Origens ao Triunfo,*** Lisboa: Editorial Presença, 1990, no seu prefácio, quando afirma que "sendo lícitas e válidas monografias sobre temas de Maçonaria, empreendidas por historiadores não-Maçons, sendo mesmo extremamente úteis como base de trabalho, elas não passam contudo, de histórias incompletas, incapazes de abranger toda a riqueza da realidade maçônica". Sem concordar inteiramente com o autor citado de que "só os historiadores Iniciados poderão escrever e interpretar corretamente" (idem, ibidem), admitimos que o pressuposto deve ser analisado com a devida prudência.

[3] Não se trata aqui do "positivismo triunfante", mas da leitura atenta dos textos maçônicos da época.

O conjunto das fontes, tanto primárias como secundárias, apresentadas no corpo da dissertação, manifesta as idéias de um grupo irmanado em torno de idéias, sobre um determinado tema: A EMANCIPAÇÃO GRADUAL DO ESCRAVO. Tratei de apresentar uma Maçonaria habitada por homens ***ilustrados***, notadamente na época em que me propus a discutir.

A Academia sabe muito bem que o ***ilustrado*** considera que o passado não apresenta um referencial obrigatório para a evolução da humanidade, senão o conjunto de erros que somente a razão pode explicar, único meio de se chegar a uma religião natural que iguale todos os homens a um deísmo que não nega a Deus, mas o relega à função de primeiro motor da existência.

Entretanto, o que ela desconhecia era o fato de que esta "religião natural" que iguala todos os homens num deísmo que não nega a Deus, está expresso na Constituição de Anderson de 1723, primeiro documento da moderna Maçonaria, na sua parte concernente a Deus e a Religião:

> *Um Maçom é obrigado, por sua condição, a obedecer à Lei Moral; e se compreende bem a Arte, não será jamais um ateu estúpido, nem um libertino irreligioso. Mas se bem que nos tempos antigos os Maçons fossem obrigados em cada país a ser da religião, qualquer que fosse, desse país ou dessa nação, contudo é considerado mais conveniente de somente os sujeitar àquela religião sobre a qual todos os homens estão de acordo, deixando a cada um suas próprias opiniões; isto é, serem homens de bem e leais, ou homens de honra e de probidade, quaisquer que sejam as denominações ou confissões que os possam distinguir; pelo que a Maçonaria se torna o Centro de União, e o meio de firmar uma amizade sincera entre pessoas que teriam ficado permanentemente distanciadas*[4].

Deste modo, o sentido que dei ao termo ***ilustrado***, no Brasil Imperial da segunda metade do século XIX, foi o de esclarecimento, renome, realce. Pressupõe ser o ilustrado um homem com grande conhecimento histórico, científico, artístico. Enfim, um personagem ilustre pelo seu saber; um erudito.

---

[4] ***"As Constituições de Anderson"***. Tradução de João Nery Guimarães, Grande Oriente do Brasil, São Paulo: Editora A Fraternidade, 1982.

A questão da *regularidade* me obrigou a fazer uma importante distinção entre a Maçonaria de 1822 – data da fundação do Grande Oriente do Brasil – e aquela a partir de 1850. Esclareço que a pesquisa foi observada nas condições do ***tempo e lugar*** – Brasil Império.

A dissertação mostrou relevância da pesquisa em relação ao contexto social da época; seus reflexos na economia escravista do Império, ao lado da originalidade dos elementos inovativos hegelianos da "falta de consciência no homem da sua liberdade", absorvidos pelos Maçons ilustrados da época.

Utilizei-me bastante dos escritos hegelianos pertinentes à liberdade do escravo. Para Hegel, a base da escravidão geralmente repousa na premissa da falta de consciência do homem na sua ***liberdade***. Com relação aos africanos, a escravidão era algo natural para aqueles que faziam escravos os seus congêneres, daí, não considerarem *inadequada* a escravidão proposta pelos europeus.

Apesar das diferenças profundas quanto a forma de aceitação da escravidão, o que procurei destacar foi o ponto de vista hegeliano de que apesar da escravidão não existir nos Estados racionais, ela estava latente antes da sua formação como um "dever ser", uma escravidão ainda "necessária", representando uma transição de um estado inferior a outro superior.

Apesar de fundamental, a leitura de Hegel na dissertação deve ser vista como uma Bibliografia de referência. Dada a sua complexidade, o filósofo deve ser visto na minha leitura com elevado sentido pragmático no que se refere a liberdade do negro. Na sua filosofia da História, Hegel fornece suporte teórico para a proposta ilustrada e gradual da liberdade. Compreende-se, desta forma, a opção emancipacionista daquela geração de ilustrados brasileiros, receptivos aos ensinamentos do Mestre[5].

Enquanto para Kant existe um PLANO SECRETO DA NATUREZA, Hegel nos mostra um sistema através do qual se pode

---

[5] Isto poderá ser observado nos pronunciamentos ou nas bibliotecas dos eruditos formadores das elites brasileiras, dentre os quais temos diversos Maçons como Hipólito da Costa, José Bonifácio, Evaristo Ferreira da Veiga, Rui Barbosa, Quintino Bocaiúva, etc. Confira nas obras de José Castellani, ***Os Maçons que Fizeram a História do Brasil***, São Paulo: Editora a Gazeta Maçônica, 2ª ed./, s/d e de Nicola Aslan, ***Pequenas Biografias de Grandes Maçons Brasileiros***, Rio de Janeiro: Editora Maçônica, 1973.

inserir todo o Universo; uma alma onde este Universo possa ser pensado. Assim, a escravidão do negro está contida no conceito de temporalidade, de totalidade, subordinada à providência. A liberdade para o filósofo está contida na sua teoria teleológica, mostrando que só muito adiante esta idéia de liberdade vai ser alcançada. A História "é desenvolvimento do Espírito no Tempo, assim como a natureza é o desenvolvimento da idéia no espaço", ou seja, ***idéia-natureza-espírito***. A História é o avanço progressivo da ***consciência da liberdade***, daí a proposta, absorvida pela Ilustração, de que a abolição da escravatura deva ser ***lenta e gradual***.

Um estudo sobre o tema, em Hegel, nos permite interpretar que embora o filósofo considere a escravidão injusta e a liberdade como essência do Homem[6], há uma contradição que permite a conclusão dialética da abolição gradual ao contrário da abolição abrupta, uma conquista suficientemente amadurecida e culturalmente compreendida. Não se trata aqui de justificar a escravidão mas de constatar como ela era legitimada pela sociedade do século XIX.

Declarando à Banca naquele dia 5 de março que a base teórica da minha dissertação estava contida na idéia ilustrada, própria do Iluminismo, pude desenvolver o ponto de vista de que a emancipação lenta e gradual do escravo foi transmitida para a geração contemporânea à promulgação da Lei Eusébio de Queirós e, fundamentalmente, quando da Lei do Ventre Livre, passando pelas três medidas propostas por Condorcet na sua obra ***"A Escravidão dos Negros"***. Prosseguindo, estabeleci que as fontes desta representação se davam através das leituras de Maçons ilustres, nas inúmeras alforrias comprovadas nas atas das Lojas que invariavelmente obedeciam ao princípio ilustrado da gradualidade, nos discursos oficiais da elite dirigente da Maçonaria e na memória conservada nos diversos boletins oficiais.

A Lei do Ventre Livre constituiu a ***Base Empírica*** como uma opção para a abolição lenta e gradual da mão-de-obra escrava, conseqüentemente da Lei de 4/9/1850.

A minha hipótese estabeleceu uma articulação entre a ***base teórica*** e a ***empírica***, traduzida no conjunto de opiniões

---

[6] W. F. Hegel, ***Lecciones sobre la Filosofía de la Historia Universal,*** Buenos Aires: Revista Do Occidente, 1946, t. 1, p. 194.

fundamentais dos Maçons atentos ao problema, do próprio texto legislati... a essência do projeto representada no papel da Maçonaria brasileira no sentido de libertar ***gradualmente*** o negro.

Deixei igualmente claro que não importa a constatação de que as Lojas Maçônicas eram formadas tanto por conservadores como por liberais, pois que as leis emancipatórias foram aprovadas por conservadores, apesar de representarem bandeiras dos liberais[7].

Comprovei a preocupação da Maçonaria brasileira com a emancipação, conforme se verifica nas atas das Lojas, dentro do pressuposto iluminista da abolição lenta e gradual defendida fundamentalmente por Condorcet na obra ***"A Escravidão dos Negros"***[8], posteriormente traduzida pelo engenheiro Aarão Reis, que propunha abolir a escravidão dos negros gradualmente através das seguintes medidas:

1: Proibição completa do tráfico, alcançada por proposta do Conselheiro Eusébio, Maçom, em 4/9/1850[9].

2: Emancipação dos nascituros, que teve participação de Maçons como Ubaldino do Amaral (Loja "Perseverança III" de Sorocaba), Rui Barbosa (Loja "América") e do Visconde do Rio Branco que acumulava com as suas funções no Gabinete o cargo de Grão-Mestre do Grande Oriente do Brasil[10].

3: Emancipação ***gradual*** dos escravos atuais.

Fica claro, após a leitura da dissertação, que a Maçonaria brasileira possuía nos seus Quadros homens letrados e conhecedores das idéias iluministas do século XVIII, conseqüentemente com

---

[7] "A abolição da escravidão estava feita mediante as três leis conservadoras de 1871, 1885 e 1888 que depois da extinção do tráfico pelos conservadores alforriaram sucessivamente o ventre escravo, os sexagenários e todos os escravos sem distinção de idade ou de sexo. Aos liberais cabe, entretanto, a honra de terem com o gabinete Dantas convertido numa questão política, sujeita à discussão legislativa, o que não passava ainda de uma questão sentimental popular, excitando as paixões nas cidades e nas plantações. Na história parlamentar inglesa não é raro o fato de o partido conservador realizar as reformas sugeridas, pregadas e defendidas pelo partido liberal" ***in*** Oliveira Lima. ***O Império Brasileiro (1822-1889)***, p. 47. Brasília: Editora Universidade de Brasília, 1986.

[8] ***"A Escravidão do Negro (Reflexões)*** de Condorcet, op. cit. Cif. nota 20.

[9] O Conselheiro Eusébio de Queirós era Maçom. A comprovação pode ser feita no discurso proferido pelo "Irmão" Antônio Alves Coruja, in Boletim do Grande Oriente do Brasil, março de 1872, p. 108.

[10] Idem, ibidem.

a literatura estrangeira. Homens como Rui Barbosa[11], Ubaldino do Amaral[12], Saldanha Marinho[13], Antônio Alves Pereira Coruja[14], Pe. Almeida Martins[15], Visconde do Rio Branco, entre tantos outros, lutaram pela eliminação da escravidão.

Este pensamento existia na Maçonaria brasileira do século XIX. Ajustava-se ao contexto da época em que se buscava solucionar o problema da escravidão. O humanismo, sem se confundir, necessariamente, com outro importante aspecto da Maçonaria, o humanitarismo[16], serviu de paradigma na luta contra as injustiças e exploração do negro no nosso país. A Maçonaria ensinava aos seus membros que deveriam respeitar tanto um teísta, um deísta, um agnóstico ou um negro.

Portanto, foi em nome do humanismo e do humanitarismo que os Maçons brasileiros procuraram influenciar o Governo Imperial na solução da escravidão do negro. Admito, entretanto, que não foi alcançado o ideal proposto pela Ilustração de uma verdadeira abolição gradual nos moldes propostos por Condorcet, mas alguma coisa foi conseguida apesar do clima que se seguiu após a promulgação da Lei que aparentemente emancipava os nascituros.

São estas as considerações que me orgulho de apresentar aos

---

[11] Senador Dr. Rui Barbosa de Oliveira. 15/11/1849 (Salvador - BA) + 1/3/1923 (Petrópolis - RJ). Em 1º de julho de 1869 torna-se Maçom, sendo Iniciado na Loja "América", em São Paulo, jurisdicionada ao Grande Oriente Unido dos Beneditinos (de Saldanha Marinho). Cópia da lista de presença com o seu nome em nosso poder.

[12] 1842 (Lapa - PR) + 1920. A ele se deve um dos primeiros projetos maçônicos de emancipação dos escravos, apresentado na Loja "Perseverança III", a 7 de agosto de 1869.

[13] 4/5/1816 (Olinda - PE) + 27/5/1895 (Rio de Janeiro). Grão-Mestre do Grande Oriente dos Beneditinos.

[14] Da Sociedade Defensora da Liberdade e da Independência Nacional do Rio de Janeiro. Grande Orador na sessão comemorativa da Lei do Ventre Livre, março de 1872.

[15] Responsável pelo famoso discurso em homenagem ao visconde do Rio Branco na Sessão de março de 1872 no Grande Oriente, que originou a chamada "Questão Religiosa". O Pe. Almeida Martins não atendeu as exigências do bispo Sebastião Lacerda para abandonar a Maçonaria.

[16] O humanismo [como filosofia cujo ponto central é o respeito pelo Homem e pela Humanidade concebidos como valores essenciais] é característica de toda a Maçonaria. De fato, também o seu objetivo primacial é o aperfeiçoamento do homem em si mesmo e nas relações com o seu semelhante, o culto da fraternidade, da igualdade e da liberdade humana. Ela é contra toda e qualquer atitude desumanizante. Veja A. H. Oliveira Marques, ***Dicionário de Maçonaria Portuguesa***, I, v. Humanismo, Lisboa: Editoral Delta, 1986.

meus leitores. Devo ainda, para concluir esta resumida análise, algumas reflexões finais.

Faço coro com aqueles que acreditam que a abolição abrupta de 13 de maio de 1888 não obedeceu ao pensamento ilustrado de Condorcet que defendia a abolição gradual dos escravos remanescentes, daí as conseqüências sócio-econômicas que perduram até o momento atual: uma população marginalizada e violenta.

Tais conseqüências importam em admitir que o 13 de maio não tem mais como referenciar um ato de humanidade da regente. É entendimento de especialistas[17] que o 13 de maio estabeleceu uma sociedade que "substituiu os açoites pelos acidentes de trabalho como uma das formas cruciais de disciplinarização e mutilação dos corpos dos trabalhadores".

A liberdade como essência do homem é contradição que permite a conclusão dialética da abolição gradual ao contrário da abolição abrupta representada pela Lei Áurea. Dentro da realidade histórica os princípios se alteram, porém o que propus na Dissertação de Mestrado foi a possibilidade de se harmonizar a História e a Maçonaria. Ambas têm como preocupação o homem no seu tempo. Ambas demonstram claramente que a *liberdade* associada ao progresso deve ser, como preconizou Hegel, uma conquista suficientemente amadurecida e culturalmente compreendida.

No contexto daquela época – ***Século XIX*** –, foi o melhor subsídio moral que a Maçonaria pôde oferecer para a abolição lenta e gradual proposta pela Ilustração e *esclarecida* por Hegel. Pode não ter sido a melhor contribuição, mas a História não é feita de *se*, porém da observação atenta ao passado da humanidade. Estudando a humanidade no seu tempo, a Maçonaria buscou o aperfeiçoamento constante do seu objetivo principal: O SER HUMANO, fosse ele branco ou negro. Foram estas considerações que procurei demonstrar com o meu trabalho.

Tenho, portanto, a convicção de que a Maçonaria brasileira ficou um pouco mais conhecida na Universidade e por que não dizer, um pouco mais respeitada. Se fui capaz de fazer, outros também podem, basta querer, pois como dizia Pessoa, ***tudo vale a pena quando a alma não é pequena.***

---

[17] Sidney Chalhoub. ***Visões da Liberdade. Uma História das Últimas Décadas da Escravidão na Corte***. São Paulo: Companhia das Letras, 1990.

COSTA, Frederico Guilherme – A Maçonaria e a Emancipação dos Escravos. Londrina: Editora Maçônica "A TROLHA", 1999, 151 p.

De acordo com as normas vigentes no país que regem os cursos de pós-graduação, não se exige de um candidato ao Mestrado em História uma pesquisa original. Exige-se apenas um bom conhecimento da bibliografia referente à temática escolhida e que as fontes estudadas sejam tratadas com o devido rigor e espírito crítico. Assim sendo, como antigo orientador de pós-graduação em História, área de História Social, no Departamento de História da USP, devo dizer que o presente trabalho do Irmão Frederico Guilherme Costa, que lhe valeu o título de Mestre em História pela Universidade do Estado do Rio de Janeiro (UERJ), concedido após brilhante sessão de defesa no dia 5 de março de 1999, vai muito além de uma mera dissertação de Mestrado. Digo mesmo que pouco lhe faltaria para poder ser apresentada como tese de Doutorado, pois se trata de um trabalho original e inovador que aborda um tema ainda bastante raro em nossa historiografia acadêmica: a História Maçônica.

O Irmão Frederico Guilherme Costa, não obstante ser já um brilhante e próspero advogado no Rio de Janeiro, apaixonou-se a tal ponto pela História Maçônica que teve a humildade de voltar aos bancos escolares para aprender, na companhia dos jovens, o métier d'historien (ofício de historiador) tão caro a Marc Bloch, um dos fundadores da École des Annales, a mais importante escola historiográfica francesa da atualidade. Neste seu trabalho, demonstra ele que aprendeu bem o ofício, pois, ultrapassando o nível de uma história factual, infelizmente ainda dominante nos meios maçônicos brasileiros, consegue fazer uma História Maçônica dentro dos padrões da moderna historiografia, preocupada muito mais em levantar e discutir problemas e interpretar estruturas do que em narrar fatos.

Assim, tendo optado por trabalhar a questão da influência da Maçonaria no processo de emancipação do escravo em nosso país, não se contenta o nosso historiador em fazer uma insípida enumeração de fatos, nomes e datas. Coloca ele uma hipótese de trabalho e se dispõe a prová-la, através da análise de documentos primários, colhidos uns nos arquivos, obtidos outros através da cooperação de pesquisadores maçônicos espalhados por todo o país que o ajudaram encaminhando-lhe atas de Sessões de Lojas e outros documentos inéditos. A hipótese por ele levantada é a que lhe foi sugerida por sua iniciadora na Historiografia, a Profa. Dra. Lúcia Maria Paschoal Guimarães, segundo a qual a emancipação do escravo no Brasil teria ocorrido de forma lenta e gradual. Procurou nosso pesquisador, então, demonstrar como a colaboração dos Maçons para o processo emancipatório se deu nos quadros desse projeto de abolição lenta e gradual, com a exceção de alguns Maçons que assumiram posturas radicais e extremistas como Antônio Bento e, em alguns momentos, Luiz Gama.

Além disso, seguindo os passos de Maurice Agulhon, historiador francês da École des Annales que se ocupou da Maçonaria em seu trabalho monumental Pénitents et Francs-Maçons dans l'ancienne Provence, insere nosso pesquisador a História Maçônica na História da Sociabilidade, definindo a nossa Ordem como uma instituição alternativa de sociabilidade que se desenvolveu a partir do início do século XVIII e atuou desde então como um dos principais canais de difusão do pensamento liberal e ilustrado (ou iluminista), tendo sido um dos sustentáculos, em nosso país, desse projeto de eliminação lenta e gradual da escravatura, cuja inspiração se encontra exatamente na Filosofia das Luzes.

A monografia é composta de uma introdução, cinco capítulos e uma conclusão. Na Introdução, o autor, além de historiar sua trajetória de pesquisador maçônico, apresenta a Ordem Maçônica, sua natureza, suas origens e sua implantação no Brasil. No primeiro capítulo, Maçonaria, Ilustração e Escravidão, mostra como o processo de emancipação lenta e gradual se fundamenta no pensamento liberal e ilustrado do qual a Maçonaria foi um dos principais canais de propagação em nosso país. O segundo capítulo, O Pensamento Maçônico do Século XIX, insere o pensamento maçônico brasileiro da época no conjunto das principais tendências que marcaram o nosso filosofar, como o ecletismo e o positivismo. No terceiro capítulo, A Opção Emancipacionista, trata da contribuição dos Maçons para a promulgação da Lei do Ventre Livre, demonstrando como esta última se insere no processo de emancipação lenta e gradual. O quarto capítulo, A Opção Abolicionista de Antônio Bento e Luiz Gama, estuda dois casos que fogem ao modelo proposto. O quinto capítulo, A Maçonaria e a República esclarece as ligações entre os movimentos abolicionista e republicano, discorrendo sobre o papel dos Maçons neste último, papel que não pode ser interpretado como uma ação da Maçonaria como um todo. Na Conclusão, intitulada Maçonaria, Sociabilidade e Práticas Culturais, reforça sua conceituação da Maçonaria como uma instituição alternativa de sociabilidade, mostrando que a Ordem não pode ser confundida nem como uma sociedade secreta nem como uma organização ocultista ou mística.

O trabalho é completado por uma Bibliografia em que, além dos livros consultados, são arroladas as fontes primárias manuscritas e impressas utilizadas pelo autor e por um Apêndice em que são transcritos os principais documentos em que o mesmo fundamentou sua argumentação.

IRMÃO RICARDO MÁRIO GONÇALVES

A Escada de Jacó

Sempre Raymundo Rodrigues, o meu bom Raymundo, a me pedir para pesquisar o impossível. Desta feita ele quer que eu fale alguma coisa sobre a "Escada de Jacó", logo eu um seguidor do Rito Moderno. De todo modo o tema despertou o meu interesse, a partir de um descuido do mestre em confiar a este desconfiado discípulo a averiguação do tema.

Para Mackey[18] a origem da introdução da escada no simbolismo da Maçonaria está ligada ao sonho de Jacó, conforme encontramos em Gênesis:

> *Teve um sonho: Eis que uma escada se erguia sobre a terra e o seu topo atingia o céu, e anjos de Deus subiam e desciam por ela!*[19]

Naturalmente, o simbolismo está ligado a uma suposta conexão entre o céu e a terra, semelhante à torre do templo – A Torre de Babel – da Mesopotâmia. A torre do templo de Marduc na Babilônia chamava-se *Etemenanki,* "a casa do elo entre o céu e a terra". Os

[18] Enciclopédia de la Francmasoneria, México: Editorial Grijalbo, AS, 1981.

[19] Gn 28,12. A Bíblia de Jerusalém, São Paulo: Edições Paulinas, 1973.

anjos que sobem e descem, desempenham missões para cumprir a vontade divina[20].

Assim, temos como certa a assimilação ocidental dos mitos pagãos. Por exemplo: Nos mistérios persas de Mitra, encontramos a escada com sete degraus, propondo que através deles o candidato se aproxime da perfeição. Por outro lado, seria penoso enumerar aqui os incontáveis exemplos da apropriação do simbolismo pagão pela cultura judaico-cristã.

Para o Maçom místico, a escada teria a função de trocar o que está em cima com o que está abaixo, numa alusão explícita ao princípio hermético que determina que "Assim como é em cima também é embaixo". Da mesma forma que os sete degraus construídos dos sete metais, emblemáticos dos sete planetas, a escada de Buda tem sete cores; Os Cavaleiros Kadosh, sete degraus; Sete planos cósmicos, que são as sete esferas planetárias, as quais correspondem as sete artes liberais de Dante[21].

Ainda poderia representar os três níveis, Graus ou estados do Maçom. A escada como símbolo de hierarquia, evolução gradual e iniciação:

> *O primeiro nível chamado de Fé. O Aprendiz, desconhecedor da natureza iniciática, deve confiar nos Mestres;*
>
> *o segundo nível chamado de esperança. O Companheiro que deve vislumbrar parte da luz a ser alcançada;*
>
> *o terceiro nível chamado de caridade. O Mestre Maçom, que tendo alcançado a Iniciação, deve ajudar aos demais em sua escalada*[22].

Na minha opinião, e isto nada tem a ver com os conceitos defesos por qualquer confissão conhecida, maçônica ou não, estamos todos na busca de uma plenitude muito além das nossas qualidades humanas. O tempo raramente é percebido como uma ilusão da consciência e, atrevidamente, desafiamos o espaço onde desenvolvemos a vida.

Relativada a noção de tempo e espaço, podemos perceber que

---

[20] Cif. John L. Mackenzie. Dicionário Bíblico, SP: Edições Paulinas, 1983.

[21] Cif. Juan Carlos Daza, Diccionario Akal de Francmasonería, Madrid: Ediciones Akal, S.A., pp. 128/29, 1997.

[22] Idem, Ibidem.

o que "sobe" não é o material vulgar, mas o nível da consciência daquele que busca o conhecimento, seja ele no plano que for. Para uns pode ser a busca de Deus, para outros o conhecimento que ilumina.

A Escada de Jacó sugere uma ferramenta importante para auxiliar o despertar da necessidade humana de ultrapassar o seu próprio limite, ainda que tenha que lutar com "anjos" e magoar-se durante o bom combate.

É assim, meu querido Mestre e Irmão Raymundo, que eu percebo a Escada de Jacó. Nem mais nem menos, apenas como qualquer utensílio nas Artes e Ofícios Humanos.

Missão e Objetivos da Maçonaria

Na falta de uma explicação teórico-metodológica a respeito da sua história, a Maçonaria tem permanecido em um vazio histórico, contribuindo para uma indesejável identificação com outras sociedades.

A Maçonaria conceitualmente representa um meio alternativo de sociabilidade onde encontramos homens preocupados com a virtude, com a fraternidade, com a solidariedade, com a igualdade e com a liberdade. Uma Instituição fundamental dentro da perspectiva da sociabilidade ilustrada e que possui, na defesa da liberdade de pensamento e no racionalismo, princípios básicos, conforme o acertado entendimento de Alexandre Mansur Barata (Luzes e Sombras. A Ação da Maçonaria Brasileira – 1870-1910, Dissertação de Mestrado defendida em outubro de 1992, no programa de Pós-graduação em História Social da Universidade Fluminense). Entretanto, esta preocupação idealista não nos obriga a uma atitude extremada na busca dos seus objetivos. Os estudos de pesquisadores importantes, como os do jesuíta Ferrer Benimelli (Masonería Iglesia e Ilustración, 2ª ed., 4vv., Madrid: Fundación Universitária Española, 1983) e de Oliveira Marques (História da Maçonaria em

Portugal: Das Origens ao Triunfo, v. 1, Lisboa: Editorial Presença, 1990) apontam nesta direção.

A Maçonaria pertence à categoria das sociabilidades e práticas culturais. Assim, pratica a leitura em todos os seus níveis. Busca constantemente o intercâmbio cultural não apenas nos diversos segmentos maçônicos, mas, também, na esfera civil, seja ela pública ou privada.

As Academias de Letras Maçônicas, as Lojas de Pesquisas, e os diversos segmentos culturais maçônicos estão fazendo exatamente isto: sociabilidade. Estamos ocupando o espaço de determinadas Lojas que praticam o "inútil", tão bem lembrado por alguns Irmãos.

Aqueles que assumiram a responsabilidade de dirigir, organizar e desenvolver a Maçonaria brasileira, sejam eles Grão-Mestres, Veneráveis, etc., devem se interessar pelo estudo da Maçonaria começando por avaliar os instrumentos metodológicos e as diversas abordagens em relação à história cultural desta sociedade, que possui um vasto campo cultural de produtos simbólicos, contrapondo as formas de ser de outras formas de sociedades, até mesmo "assemelhadas".

Estudar a Maçonaria é o mesmo que estudar o conceito de sociabilidade. Assim entendida será fácil compreender a missão e os grandes objetivos da Ordem.

De tudo o que foi exposto, fica a constatação de que a Maçonaria efetivamente representa uma forma alternativa de sociabilidade. Os Maçons nada mais procuram do que viver em comunidade, em comunhão com o mundo. Não são revolucionários no sentido da luta contra o poder constituído, mas progressistas no sentido de promover o bem-estar na comunidade global. A Instituição, fundada em 1717, tem andado de mãos dadas com o progresso racional da humanidade. Filha da Ilustração tem buscado as luzes dos séculos e a alegria de viver em união. São princípios normativos de qualquer meio alternativo de sociabilidade, e nada mais.

Maçonaria e Igreja Católica: Um Livro em Questão

Maçonaria e Igreja Católica[23] tem como proposta pesquisar a história maçônica, sua expansão e situação no mundo de hoje, especialmente no Brasil. Apresenta a posição da Igreja pós-conciliar.

O autor é um Superior Jesuíta. Quando da publicação do seu livro era bispo auxiliar da Arquidiocese de Brasília. Defendeu três teses de doutorado: em Teologia, "A Angeologia de Karl Rahner à luz dos seus princípios hermenêuticos", publicada pela Editora Santuário; em Filosofia, "Deus nas religiões dos Indo-Europeus"; e em Sagrada Escritura e Arqueologia, "Deus nas religiões dos Semitas". Presidente da Liga de Estudos Bíblicos do Brasil e Diretor da Revista de Cultura Bíblica. Até o ano de 1996 tinha publicado 190 livros e cerca de 500 artigos em várias línguas.

De início temos uma infeliz identificação da Maçonaria com as sociedades secretas. Felizmente o autor admite ser equivocado o

---

[23] Terra, João Evangelista Martins. ***Maçonaria e Igreja Católica,*** Aparecida (SP): Editora Santuário,1996.

entendimento das origens lendárias e falsa a identificação com a ordem dos templários e com os rosa-cruzes. Centra a origem maçônica nos canteiros medievos e considera as lendas maçônicas impregnadas do espírito cristão.

Ao relacionar a Maçonaria francesa com o ideal republicano, não aprofundou o tema. Evidentemente desconhecia as pesquisas da Dra. Margaret C. Jacob no seu livro ***Living the Enlightenment. Freemasonry and Politics in Eighteenth-Century Europe,* New York Oxford, Oxford University Press, 1991.**

A Dra. Jacob no capítulo O Público Transforma-se no Privado: A Revolução Inglesa e as Origens da Maçonaria Européia, constatou que desde muito cedo, a Maçonaria na Europa foi responsabilizada como Instituição promotora da democracia e do propagadora das idéias republicanas, senão comunistas. Uma publicação francesa anônima, publicada em Bruxelas em 1744, reivindica para os Maçons a determinação pela implantação de uma república universal e democrática[24].

Em Amsterdã, na plenitude da Revolução de 1747, outra publicação acusa os Maçons de serem seguidores de Oliver Cromwell[25], de herdeiros da revolução inglesa e da tradição republicana. Noutra publicação anônima, também de Amsterdã, os Maçons são chamados de " cromwellistas", homens de elite, inimigos da religião e desestabilizadores do Estado[26]. Em 1791 passaram a ser responsáveis pela Revolução Francesa[27].

Portanto, o ideal republicano, segundo a tese da Dra. Margaret Jacob e ainda de acordo com as suas fontes primárias apresentadas, era atribuído à Maçonaria inglesa na sua fase "cromwelliana" muito antes da organização da Maçonaria em território francês.

Com acerto o autor não identifica a Enciclopédia como obra

---

[24] [Anon.,] ***La Franc-Maçonne ou Revelation des Mysteres des Francs-Maçons par Madame***,*** Brussels, 1744, pp. 18-19 ***in*** Margaret C. Jacob, ***Living the Enlightenment. Freemasonry and Politics in Eighteenth-Century Europe,*** New York Oxford, Oxford University Press, 1991.

[25] Harry Car. ***The Early French Exposures,*** London: Quatuor Coronati Lodge, 1971, pp. 282, 291 ***in*** Margaret C. Jacob, op. cit.

[26] [Anon.,] ***Le mal epidémique des Francs-Maçons*** [, 1748] ***in*** Margaret C. Jacob, op. cit.

[27] [Anon.,] ***Le Voile Levé pour les curieux, ou le secret de la Révolution révélé à l'aide de la Franc-Maçonnerie,*** 2ª ed., pp. 7-8 ***in*** Margaret C. Jacob, op. cit.

maçônica, apesar de considerar a obra como inspirada por numerosos Maçons[28]: "*Essa seria, aliás, a lógica de uma instituição sem Credo pessoal e que refletia o espírito de seu tempo e o servia*"[29].

Ao tratar da Maçonaria e a Revolução Francesa aponta, a partir de 1792, uma onda revolucionária nos meios maçônicos mas concorda com o entendimento dominante de que a Revolução liquidou a Ordem e que somente em 1796 ela pôde retomar suas reuniões[30]. Nada acrescenta de novo a partir deste entendimento. Igualmente não traz nenhum contributo original a respeito da história maçônica até o fim da Segunda Grande Guerra. Esperávamos mais do autor a respeito deste período de grande perseguição à Maçonaria por parte do nazismo e do fascismo.

No Brasil, o autor repete a história acadêmica a respeito da Instituição. Observa-se uma preocupação de justificar o clero maçônico no Segundo Império, chegando mesmo à descaracterização dos prelados que seguiram o ideário maçônico. Para o autor eles não refletiam o ideal maçônico: ***"Aliás, convém notar que muitas dessas Lojas foram fundadas por clérigos seduzidos, não pelas doutrinas maçônicas, mas simplesmente para terem um ambiente secreto onde pudessem debater com segurança suas ideologias iluministas, galicanas, liberais e revolucionárias"***[31]**. Também não refletiram o ideal da Igreja:** ***"Além disso, Frei Caneca, Frei Sampaio, Cônego Januário e outros foram, talvez, excelentes patriotas e hábeis políticos, mas não se pode por isso dizer que fossem também sacerdotes disciplinados e religiosos exemplares"***[32]**.**

Como não podia deixar de ser, o autor repete os mesmos argumentos anteriores quando trata da chamada "Questão Religiosa": responsabiliza a Maçonaria por aquele grave conflito entre o ultramontanismo (que sequer menciona) e o Império brasileiro. Estamos cansados de saber que as penas canônicas, não placetadas pelo governo imperial, lançando interditos sobre confrarias, não tinham a força impositiva e legal pretendida pelos bispos.

---

[28] Cif. P. 12
[29] Idem.
[30] Cif. P. 13.
[31] Cif. P. 32.
[32] Cif. P. 75.

Esperávamos mais do autor no trato desta grave questão que, de certa forma, desestabilizou o Segundo Reinado.

Finalmente, a grande contribuição historiográfica do autor: Igreja e Maçonaria. Ali sustenta com preciosa clareza a incompatibilidade total entre o catolicismo romano e esta última. Transcreve as últimas interpretações canônicas. Repete os conhecidos argumentos de Boaventura Kloppenburg[33], que apontam para a total incompatibilidade da fé com os princípios maçônicos. Conclui, acertadamente, que ***"os católicos não precisam pedir que a Igreja reveja sua relação com a Maçonaria. A Igreja já fez oficialmente essa revisão. A incompatibilidade no nível doutrinal é total e insuperável (...) O católico que pertence também à Maçonaria e não vê nenhuma contradição nisso deve, em coerência, fazer uma profunda opção fundamental. Se de fato acha, na sua consciência, que há uma equivalência total entre a fé cristã e o compromisso maçônico, deve unificar essa suposta equivalência num ou noutro sentido. O que não pode é manter o dualismo que a Igreja declarou ser um 'pecado grave'"***[34].

Esta é a exegese: ***"Assim como o católico que se faz muçulmano comete um pecado grave contra a virtude da fé, assim também iniciar-se na Maçonaria é um pecado grave contra a virtude da fé, que impede aproximar-se da Sagrada Comunhão"***[35].

---

[33] A Maçonaria no Brasil. Orientação para os Católicos, Petrópolis (RJ): Vozes, 1956.
[34] Cif. Pp. 103-107.
[35] Cif. P. 103.

Comentários do Pe. Valério Alberton a Respeito da Resenha Crítica do Livro "Maçonaria e Igreja Católica"

Sr. Frederico Guilherme Costa

Li seu artigo "Maçonaria e Igreja Católica" de "A TROLHA" nº 165, com duas magníficas e muito atraentes gravuras.

É membro do Conselho Editorial da Revista. Tem, pois, cultura maçônica e se percebe logo esta cultura. Não deveria, então, ter consultado, também, outros autores jesuítas, para ser imparcial na elaboração do seu artigo? São mais de trinta. E como transcrevo na contracapa de uma de nossas revistas, "os jesuítas estiveram entre os mais tenazes e sérios opositores da Maçonaria. Hoje os encontramos quase por toda a parte entre os pioneiros do diálogo e entre os seus protagonistas". Três deles, por exemplo, um dos quais sou eu, são autores de Maçonaria e Igreja Católica – Ontem Hoje e Amanhã, já em sua oitava edição: duas na Espanha, mais duas na Itália e quatro aqui no Brasil (há pouco O Prumo – ou O Painel? –

publicou longo artigo a respeito, em oito capítulos correspondentes às oito edições dele). Foi apresentado durante o 1º Congresso Maçônico Internacional do Rio de Janeiro, de 1981 (foi quando vim a conhecer nosso admirável, talentoso e fecundíssimo amigo comum, Francisco de Assis Carvalho, vulgo Xico Trolha, e nunca mais deixei de me comunicar com ele).

Por conseguinte, o livro em questão está muito difundido por todo o Brasil. É exemplo único na história de toda a literatura católica mundial. Na sua última edição, a 8ª, enumero nada menos do que 900 obras, trabalhos e artigos publicadas pós-Concílio **a favor ou contra** a reaproximação Igreja-Maçonaria. Publiquei, também, Maçonaria, um dos capítulos do Guia para o Diálogo Inter-Religioso, dos Estudos de n° 62 da CNBB. Importantíssimos e **atualíssimos**: Inconciliáveis Igreja + Maçonaria?

Mais uma tese apresentada, com outros trabalhos, ao III Congresso Maçônico Internacional, daí de Londrina: Esboço de uma Introdução ao Estudo da Importância Ritualística no Humanismo e na Espiritualidade da Maçonaria. Importante, ainda, Maçonaria e Religião nos Estados Unidos da América do Norte. Estudos Maçonológicos, já em sua 9ª edição: o Brasil pontifica. Por fim Gafes e Mancadas Antimaçônicas, da Editora Maçônica "A TROLHA" Ltda., com 38 capítulos que poderiam ser multiplicados à vontade...

Bem, fiquemos, por hora, por aqui.

Com minha fervorosa Bênção Sacerdotal, extensiva a todos os seus respectivos empreendimentos,

do servo do G∴ A∴ D∴ U∴

Pe. Valério Alberton, S.J
Or∴ de São Leopoldo – RS

A Réplica

Meu caríssimo Pe. Valério Alberton:

Conheço toda a sua produção historiográfica elencada na sua carta publicada à p. 6, nº 169, ano 39 (novembro 2000), onde me pergunta por que não consultei outros autores jesuítas, para ser imparcial na elaboração do meu artigo (sic).

Não obstante respeite o seu ponto de vista e de outros autores como Ferrer Benimeli, considero oportuno exercitar o direito de resposta para, redargüindo o seu questionamento, salientar alguns pontos que permitirão aclarar o que parece, com a devida vênia, ser um equívoco de sua parte.

Na verdade, artigo não é, pelo menos não foi esta a minha proposta e, sim, uma RESENHA CRÍTICA, dentro do mais puro espírito acadêmico sempre saudável entre tantos quantos se dispõem a exercitar a crítica, esta não entendida como algo ofensivo, mas como contribuição intelectual e profissional, não fosse eu Mestre graduado pela Universidade do Estado do Rio de Janeiro (UERJ).

Com efeito, enquanto historiador, abstenho-me de emitir opiniões pessoais, fazer julgamentos precoces, evitando " achismos", que não se escudam rigorosamente em nada, a não ser na emoção.

Assim, não tendo maiores compromissos com a Igreja Católica Romana, embora nela os meus pais tenham me educado, fico muito à vontade para dizer que concordo com a posição oficial de Roma com relação ao ponto de vista defendido pelo autor resenhado, João Evangelista Martins Terra ***in Maçonaria e Igreja Católica,*** Aparecida (SP): Editora Santuário, 1996.

Receba o meu abraço fraterno e o agradecimento sincero pelo seu esforço na busca da síntese desta contradição tão profunda entre Igreja e Maçonaria.

Atenciosamente,

Frederico Costa

Oliver Cromwell e a Origem da Maçonaria Moderna

Desde muito cedo a Maçonaria na Europa foi responsabilizada como Instituição promotora da democracia e propagadora das idéias republicanas, senão comunistas. Uma publicação francesa anônima, que circulou em Bruxelas em 1744, atribuiu aos Maçons a determinação de implantar uma república universal e democrática[36].

Em Amsterdã, na plenitude da Revolução de 1747, outro texto acusou-os de serem seguidores de Oliver Cromwell[37], herdeiros da revolução inglesa e da tradição republicana. Noutra publicação anônima, também de Amsterdã, os Maçons são chamados de "cromwellistas", homens de elite, inimigos da religião e

---

[36] [Anon.,] ***La Franc-Maçonne ou Revelation des Mysteres des Francs-Maçons par Madame******, Brussels, 1744, pp. 18-19 ***in*** Margaret C. Jacob, ***Living the Enlightenment. Freemasonry and Politics in Eighteenth-Century Europe,*** Neu York Oxford, Oxford University Press, 1991.

[37] Harry Car. ***The Early French Exposures,*** London: Quatuor Coronati Lodge, 1971, pp. 282,291 ***in*** Margaret C. Jacob, op. cit.

desestabilizadores do Estado[38]. Em 1791 passaram a ser responsáveis pela Revolução Francesa[39].

Muitos desses ataques são de origem clerical. Em 1738 o papa condenou a Maçonaria, em parte por causa da popularidade da Loja de Roma. Naquele momento, a lista dos Maçons mostrava notórios republicanos. A ingenuidade inglesa ou a sua transparência mostravam a pureza dos ideais maçônicos com a sua organização muito semelhante a um governo republicano. Os líderes eram eleitos dentro dessas características[40].

Todas estas citações devem ser entendidas como mais uma possibilidade de apontar a Maçonaria moderna como resultado da Revolução Inglesa[41]. Sempre será de bom alvitre lembrar que a Maçonaria não nasceu continental, mas na ilha britânica. Seus valores são, portanto, ingleses...

Em contraste com o absolutismo monárquico que dominava a Europa Continental, no século XVIII, o modelo inglês, como resultado da experiência revolucionária de 1640 e 1688-89, tinha determinado o princípio constitucional e o governo parlamentar.

Gostaria de lembrar uma importante diferença entre a Revolução Inglesa e aquelas que se seguiram. Os franceses de 1789 podiam buscar nos ingleses do século XVII uma teoria revolucionária, assim como a Revolução Russa de 1917 estava plenamente consciente da Revolução Francesa. A liberdade, a igualdade e a fraternidade apregoadas por esta última determinavam uma possibilidade concreta de algo novo pelo qual se deveria lutar; paz, pão e terra eram metas que os russos pretendiam alcançar no futuro. Para os ingleses, entretanto, religião, liberdade e prosperidade não constituíam nenhuma novidade, visto que eles acreditavam que já existisse.

Os sentimentos democráticos da revolução inglesa contaminaram as seitas que desempenharam um papel importante ao

---

38 [Anon.,] ***Le mal epidémique des Francs-Maçons*** [, 1748] ***in*** Margaret C. Jacob, op. cit.

39 [Anon.,] ***Le Voile Levé pour les curieux, ou le secret de la Révolution révélé à l'aide de la Franc-Maçonnerie,*** 2ª ed., pp. 7-8 ***in*** Margaret C. Jacob, op. cit.

40 ***Les vrais jugemens sur la Société des Francs-Maçons...*** , Brussels, 1752, p. 2 ***in*** Margaret Jacob, op. cit.

41 Cif. Frederico Guilherme Costa, ***Questões Controvertidas da Arte Rela v. 3,*** "A Maçonaria Moderna como resultado da Revolução Inglesa: uma possibilidade ideológica, Londrina: Editora Maçônica "A TROLHA", 1997.

estender a influência de Londres por toda a Inglaterra. Após o "Ato de Tolerância" de 1689, antecedido pela publicação, em 1646, da "Carta Sobre a Tolerância" de Locke, seus organizadores, especialmente os **quakers**, trabalharam para que a legislação, que lhes era favorável, fosse respeitada e obedecida em todo o país. A partir de 1730 surgiu o mito que associou a Maçonaria àquela experiência revolucionária liderada por Cromwell.

A Tolerância religiosa, a consciência não conformista, a relativa liberdade de imprensa, que em 1640 representou o quarto poder na Inglaterra, uma atitude favorável à ciência, determinou o nascimento de novas profissões em função do desenvolvimento literário e do surgimento, neste ambiente de crise, da moderna Maçonaria que representa, no meu entendimento, a ruptura entre o pensamento medieval e o moderno.

Mesmo admitindo que no século XVII as guildas escocesas dos Franco-Maçons estivessem sem trabalho e, provavelmente, participando da Revolução Inglesa – 1640 ou 1688-89, não existe um indício historicamente relevante, naquele período, que possa sugerir um engajamento. Contudo, um século depois, vamos encontrar Maçons no Continente escrevendo e divulgando a notícia de que Cromwell era o fundador da Moderna Maçonaria, segundo a nossa pesquisadora citada[42].

Os Maçons contemporâneos da guerra civil presenciaram o regicídio e o nascimento da república. Comovidos intelectualmente com a guerra, perceberam que a Revolução tinha mostrado que nenhuma Instituição era eterna, nem mesmo a república. As formas de pensar jamais seriam as mesmas. A Bíblia, como categoria suprema de autoridade, a partir da Reforma de Lutero foi substituída pela soberania do direito comum, apesar de muitos continuarem a buscar respostas na Bíblia, mas sempre dentro do entendimento de que a tirania era irracional e ímpia.

Portanto, a Maçonaria surge, com a sua roupagem atual, no movimento mais importante do século XVII: as Revoluções Inglesas. Durante muito tempo a historiografia a vinculou à Revolução Francesa. A desmistificação começou a ocorrer a partir dos anos 80 e as atenções se dirigiram para os movimentos do século XVII.

---

[42] Margaret Jacob, op. cit.

Neste século a sociedade ainda apresentava traços do mundo medieval, das ordens e estamentos. O privilégio ainda era o elemento primordial.

A possibilidade da origem maçônica no "século das crises" está no fato da Inglaterra não ter mais o absolutismo desde meados do século XVII, enquanto que a maioria era absolutista, vivendo suas crises internas e externas.

Deste modo, todos os caminhos conduziram ao racionalismo: com Hobbes, ainda um absolutista, a soberania e a obrigação política baseadas na utilidade; com Milton, deixando o homem escolher livremente entre o bem e o mal, procurando demonstrar que a grande massa de homens, à medida que progredia a revolução, estava impregnada de superstições e manejada por sacerdotes e senhores, incapazes de utilizarem a boa razão; com o ocaso da crença no inferno, que tinha servido para conter as classes baixas no lugar que os defensores da condenação eterna entendiam devido.

Não há como contestar a gênese maçônica neste clima intelectual, no qual as leis científicas, as leis naturais, foram, finalmente, equiparadas à Lei de Deus e à Lei Moral. Uma Maçonaria engendrada com a Inglaterra emergindo da crise do século XVII com o novo mundo do capitalismo e do império colonial.

Um meio alternativo de sociabilidade, preocupado com as associações de socorro mútuos surgidas no século XVII e derivadas do convívio entre profissionais em tabernas, botequins, estalagens, etc... Provavelmente os primeiros comerciantes desta nova fase foram os primeiros Maçons especulativos[43].

Concluindo: a Maçonaria moderna tem endereço certo. Não surgiu do nada, mas como resultado de condições propícias. Ela não poderia nascer no clima absolutista do Continente, daí a possibilidade da sua origem em uma Inglaterra momentaneamente republicana. Procuramos apresentar os fatos e as referências documentais demonstrando, à saciedade, que a moderna Maçonaria surgida na Inglaterra contou, senão com a participação, pelo menos com o consentimento e reconhecimento de Oliver Cromwell. Daí para frente o trono não seria mais o mesmo, assim como a Maçonaria iria alcançar a sua maioridade. Mas isto é uma outra

[43] Cif. John Hamill in The Craft. A History of English Freemasonry, s. 1, 1986, p. 21.

história, que outros autores, muito mais interessantes, estão cansados de contar...

FONTES CONSULTADAS

1. COSTA, Frederico Guilherme. ***Questões Controvertidas da Arte Real, v. 3.*** Londrina: "A TROLHA", 1997.
2. HAMILL, John & GILBERT, Robert. ***A Celebration of The Craft.*** United Kingdom: Mackenzie Publishing, 1992.
3. HOBSBAWN, Eric. " A Crise Geral da Economia Européia no Século XVII" ***in*** *As Origens da Revolução Industrial. São Paulo*: Global, 1979.
4. JACOB, Margaret C. ***Living the Enlightenment. Freemasonry and Politics in Eighteenth-Century Europe.*** New York Oxford, Oxford University, 1991.
5. KRIEDTE, Peter. ***Camponeses, senhores e mercadores: a Europa e a mundial (1500-1800).*** Lisboa: Teorema, s/d.
6. MARQUES, A. H. de Oliveira. ***História da Maçonaria em Portugal, v. 1, Das Origens ao Triunfo.*** Lisboa: Presença, 1989.
7. ROPER, H. R. Trevor. ***Religião, reforma e transformação social.*** Lisboa: Presença/Martins Fontes, 1981.

Imprensa Maçônica no Brasil

Solicita-me o ilustre Irmão português Júlio Prata um trabalho a respeito da Imprensa Maçônica no Brasil. Apesar de articulista em alguns periódicos, jamais me concentrei neste tipo de pesquisa. Deste modo, peço aos leitores antecipadas desculpas por este arrazoado que apenas pretende ser transparente.

A única publicação a respeito que eu conheço é a produção independente de um Maçom bisonho chamado Kurt Prober. Chama-se "Imprensa Maçônica Brasileira" e foi editada pelo próprio autor em 1982. Trata-se de um trabalho desprovido de qualquer metodologia, de difícil leitura, tanto pelos grosseiros erros gramaticais, quanto pelo tipo de impressão. De todo modo, lá estão relacionadas cerca de 454 publicações. Esta a única contribuição historiográfica do autor citado.

A Imprensa Maçônica Brasileira, nos dias correntes, pode ser considerada uma das melhores, senão a melhor, do nosso Continente. Se hoje temos a novíssima revista ADONAI, dirigida pelo eminente Irmão, jurista e escritor, Rizzardo da Camino, ao lado das veteranas O PRUMO, A VERDADE, ENGENHO & ARTE, MINERVA MAÇÔNICA e tantas outras importantes publicações que seria penoso enumerar, devemos creditar com juros, esta exuberância, ao extraordinário esforço de Francisco de Assis Carvalho, que em 1971, fundou o CENTRO DE ESTUDOS MAÇÔNICOS "ALÉCIO JOSÉ GOMES" e a revista "A TROLHA".

Segundo o próprio Assis, até esta data não existia nenhuma revista maçônica no Brasil. Um ano antes havia sido fundado o PRUMO, mas logo adormeceu. Havia também a revista AMIZADE, que não mais circulou com a cisão de 1973 que criou o Grande Oriente Independente. Em 1977, surge o jornal da Loja "Liberdade Nº 20", do Recife, intitulado "O CINZEL", de Adauto Barreto, transformado em revista. Um ano antes – 1976 –, o jornal "A VERDADE", da Grande Loja de São Paulo, também havia se transformado em revista.

Assis costuma dizer que a sua revista é CERNE DE ARUEIRA, ou seja, quanto mais velho, mais forte e melhor fica. É verdade: a "A TROLHA", na minha opinião, é a melhor revista maçônica do Continente. Pode não ser perfeita, mas publica o que há de melhor na Maçonaria brasileira e até estrangeira. Em Portugal eu sei que ela é lida, assim como em Israel.

Assis é um Irmão exemplar, sério, interessado na divulgação, esclarecimento e engrandecimento da Arte Real. Com ele publico regularmente a coluna "Maçonaria na Universidade". Convivo com outros autores, igualmente preocupados com a ausência das fontes nos estudos e publicações maçônicas. Com efeito, o interessado se ressentirá da falta de orientação técnica e bibliográfica especializada.

Graças à nova Imprensa Maçônica e, fundamentalmente, ao esforço do nosso mano "XICO", como gosta de ser chamado o Assis, o descompasso entre o mundo acadêmico e a cultura maçônica começa a diminuir, tendendo a desaparecer.

Tenório de Albuquerque, um escritor bastante conhecido no Brasil, escreveu muito, mas perdeu-se em profundidade. Não fez a necessária triagem nos documentos de que dispunha para atualizar suas considerações. Trabalhou com vários documentos falsos.

Nicola Aslan, outro escritor maçônico muito conhecido, possuía mais espírito crítico e cautela nos seus trabalhos. Dedicou-se aos estudos históricos, tendo deixado algumas obras que pelo menos podem ser consideradas como uma cronologia comentada que se estende, basicamente, do início da Maçonaria no Brasil até o momento da independência.

Deixo de citar os autores atuais, por temor de esquecer alguns nomes. Temos, felizmente, um bom número de escritores formidáveis. São historiadores, memorialistas, romancistas e ensaístas. São Irmãos que engrandecem as letras maçônicas e, se conhecidos e lidos, é porque a "A TROLHA" existe, a ADONAI nasceu e as veteranas permanecem de Pé e à Ordem.

Esta é minha visão da Imprensa Maçônica no Brasil. É verdade que ela ainda está em franco desenvolvimento, mas tem uma Alma muito especial, vestida de gala com o FATO – literalmente, como os portugueses chamam a roupa – da Fraternidade!

O Nascimento do Academicismo Maçônico Brasileiro

A partir dos anos 90 é possível perceber um interesse acadêmico pela pesquisa maçônica no Brasil. A Ordem, sua formação e sua genes. Nas décadas anteriores havia somente a velha história maçônica desprovida das fontes e do imprescindível conteúdo teórico-metodológico: o "achismo" explicando todo o processo histórico. As publicações da época mostram uma história cronológica e episódica. Uma história linear que não trata das durações múltiplas, não faz relação do evento com a estrutura nem com a conjuntura.

Esta produção foi duramente criticada pelo Dr. Ricardo Mário Gonçalves, pioneiro no estudo sistemático e acadêmico da Maçonaria brasileira, ao ministrar com sucesso, no início dos anos 90, na Universidade do Estado de São Paulo, um curso que tratava deste estudo ordenado. Como seguidor da Escola de Annales, Ricardo Gonçalves concentrava a sua pontaria certeira contra a história dos grandes personagens da história maçônica, do elitismo. Este tipo de história que procura legitimar o aparente em detrimento do real. Em síntese, uma história factual que precisava ser eliminada, esquecida.

Em 1992, convidado pelo então diretor do Instituto de Filosofia e Ciências Humanas da Universidade do Estado do Rio de Janeiro – UERJ – para ministrar o Curso de Extensão: "Introdução à História da Maçonaria", imediatamente providenciei a criação do método que permitisse criar bases para uma pesquisa histórica crítica e sólida sobre a Instituição Maçônica, pois já comungava com Ricardo Gonçalves a respeito da séria defasagem existente entre os estudos históricos em geral e a historiografia da Arte Real.

A Editora Maçônica "A TROLHA" publicou o curso em forma de livro[44], permitindo que qualquer um possa repetir o sucesso alcançado na UERJ. Para cada aula foi selecionada uma bibliografia básica seguida de cópias das transparências que foram utilizadas para melhor contextualizar a aula dada.

Com estes dois cursos iniciávamos o academicismo maçônico brasileiro. A partir daí se questionará o "historicismo" anterior, sem abandonar a parte importante e válida do positivismo, mas dando à nossa história abordagens diferentes, onde o social tivesse preponderância. Estávamos começando a refletir sobre tudo o que estava sendo criado de novo: a Nova História da Maçonaria Brasileira!

Réné Rémond em seu livro clássico "A direita na França" fez um estudo sociológico das religiões, como se compunha a direita na França, as famílias tradicionais, as várias correntes de direita na França; orleanistas, bonapartistas, tradicional. Realizou um estudo de longa duração, rompendo com a história política factual, episódica. Exatamente o que passamos a fazer com a Maçonaria brasileira, apesar do risco da influência exagerada das Ciências Sociais.

Estávamos a tratar irremediavelmente da História Política Maçônica, exercendo a crítica à História Política de antigamente, preocupada apenas com a História Institucional. Acredito que hoje, após estas tentativas iniciais o conceito de político foi dilatado. Discutimos nos centros de cultura maçônicos diversas políticas

---

44 Frederico Guilherme Costa, ***Maçonaria na Universidade: Uma Introdução ao Estudo da História da Maçonaria***. Londrina: Editora Maçônica "A TROLHA", 1994.

importantes e diferenciadas. São essas políticas que procuramos privilegiar e legitimar nas nossas palestras e publicações. A execução do nosso projeto não está limitada ao estudo limitado da política isolada, mas de outros objetos políticos: ecologia, economia, educação, políticas públicas. São temas que devem ser debatidos pelos Maçons para melhor compreenderem a sociedade em que vivem.

Temos, entretanto, que definir o campo político sem cair na idéia de que o político deve ser o determinante, pois de outro modo deixaremos de ser um meio alternativo de sociabilidade. É impossível ao historiador captar a história na sua totalidade. Daí a necessidade de buscar o determinante.

Trabalhar com os diversos segmentos maçônicos, procurando mostrar o que se consegue fazer com a história deles. A função da Maçonaria na sociedade. Pensar em Lojas estruturadas a partir de uma base comum sem uma visão preconceituosa e ideológica. Assim, será possível inserir a Maçonaria brasileira numa história de longa duração: a questão do cotidiano e da cultura política.

Temos um longo caminho pela frente. A responsabilidade é muito grande e a cada passo que avançamos a subida parece mais íngreme. Não importa, somos obstinados e não conseguimos parar. Em São Paulo, Ricardo Gonçalves está reformulando a conceituada revista "A Verdade", da GLESP, produzindo uma historiografia maçônica dentro dos pressupostos aqui defendidos. Auxiliado por homens do gabarito de Raymundo Rodrigues, entre outros, tem me servido de profunda inspiração na tentativa de chegar ao topo desta montanha, onde, um dia qualquer, será possível concluir que o caminho não foi assim tão íngreme. Será?

Uma Visão Recente da Cidade de Paraty e a Maçonaria

Tenho me preocupado muito com o tema Paraty e a Maçonaria. Em artigo publicado no informativo "O PELICANO" (setembro/outubro/novembro de 1995), intitulado **"PARATY, A MAÇONARIA E UMA NOVA TENTATIVA, AINDA MAIS CONTROVERTIDA, DE INICIAR O ALFERES TIRADENTES"**, dizia que não era possível precisar a data da fundação de Paraty, mas que ao findar o século XVI já havia um pequeno núcleo, criado pelos paulistas de São Vicente, em uma elevação perto da Praia do Pontal.

Informei também, que Paraty foi elevada a vila e separada de Angra dos Reis no ano de 1660, sendo que no início do século XVIII, quando as Minas das Gerais começaram a produzir para a Metrópole portuguesa, era pelo caminho de Paraty que os valores chegavam, por mar, até o porto do Rio de Janeiro onde eram embarcados para Portugal, pois era grande a preocupação com os descaminhos do ouro.

Com relação à Maçonaria, destaquei, naquele artigo, as esquinas da Rua do Comércio com a Rua da Cadeia e a Rua Dona Geralda com a Rua da Ferraria, detalhando os três cunhais de pedra formando um triângulo imaginário, demonstrando a presença da Maçonaria na cidade, estabelecida em 1823.

Finalmente, foi esclarecido que a Loja de Paraty, conhecida até hoje com o nome, supostamente o mesmo, de ***União e Beleza***, logo destacou-se politicamente e ainda deixou marcas da sua influência na decoração geométrica presente nos cunhais e sob as cimalhas de várias fachadas, como nos dois sobrados entre a Rua da Praia e Ferraria e nos três sobrados da Rua Dona Geralda, em frente à Praça da Matriz, esquina com a Rua da Capela.

O objetivo daquele artigo era derrubar a absurda hipótese do Tiradentes ter sido Iniciado (sic) em Paraty, quando de suas viagens ao Rio de Janeiro, pois a Loja Maçônica da cidade de Paraty só foi fundada em 1823, 31 anos depois da morte do Alferes. Ainda que prevaleça o entendimento de que a Loja Maçônica instalou-se em 1834, apenas ratifica a impossibilidade da descabida Iniciação do Alferes na citada Loja.

Posteriormente, em 1997, em visita àquela cidade tive acesso a uma publicação oficial, com apoio cultural da Secretaria de Turismo e Cultura de Paraty e da Associação Comercial e Industrial de Paraty intitulada "CIDADE HISTÓRICA E ARQUITETURA COLONIAL", onde se informa que a cidade teria sido construída por Maçons no século XVI, tendo um formato geométrico e por isto apelidada de "cidade dentro do esquadro".

Como pesquisador e historiador não pude concordar com a idéia de que este nosso magnífico patrimônio histórico do século XVI tivesse sido fundado pela Maçonaria, pois esta só é mencionada no território brasileiro, em caráter emergencial e irregular, na Bahia, com a **Cavaleiros da Luz,** em ***julho*** de 1797. Conseqüentemente, não poderia ter fundado a cidade de Paraty no século XVI. Se o critério fosse o da regularidade, teríamos de tratar da Loja "Reunião", fundada em 1801, 4 anos ainda mais à frente da Loja baiana. Novo artigo foi enviado para ser publicado na nossa coluna na revista maçônica "A TROLHA", esclarecendo estes aspectos históricos.

No mês de maio de 2000, "navegava" na Internet quando me deparei com o "site" – ***http://www.terra.com.br/paratii/maconaria.htm*** – da Loja "União e Beleza Nº 88" de Paraty, fundada em 5 de agosto de 1983. Apaixonado por Paraty e pela Maçonaria, logo "mergulhei" naquela página.

Qual não foi a minha surpresa ao encontrar as seguintes considerações do ilustre presidente do Instituto Histórico e Artístico de Paraty, Diuner José de Mello, aparentemente endossadas pela prestigiosa Loja "União e Beleza":

LUVAS NEGRAS SE REUNIAM NO CEMITÉRIO INDÍGENA

Na pesquisa oral, Diuner ouviu de moradores antigos a versão narrada por um ex-escravo chamado Sebastião (pessoa a quem o pesquisador conheceu quando criança) de que homens trajados de preto e usando luvas negras se reuniam na Toca do Caçununga.

– Pesquisando, descobrimos que os membros do Clube dos Luvas Negras, que eram os justiceiros da Maçonaria (sic) e encarregados de julgar os Irmãos faltosos, se reuniam em lugares ermos, de preferência nos cemitérios onde os defuntos não poderiam testemunhar nada. Curiosamente, na década de 70, num trabalho de arqueologia, descobriu-se que a Toca do Caçununga, uma gruta de pedra afastada da cidade, que é um Sambaqui, era um cemitério indígena.

E faz uma revelação surpreendente: – Consta que Sílvio Romero, o grande historiador brasileiro, que foi Juiz de Direito em Paraty, era membro do Clube das Luvas Negras, talvez como presidente. Sabe-se que nos escombros da casa onde ele morou foram encontrados um Avental de Maçom, as Luvas negras e a Espada.

Como diria o esquartejador, vamos por partes:

Parece temerário, associar a Maçonaria a uma suposta sociedade promotora de "justiçamentos" em nome da Arte Real. Este tipo de entendimento tem sido utilizado pelos inimigos tradicionais da Maçonaria.

O eminente historiador, presidente do Instituto Histórico e Artístico do Paraty, não desconhece, com certeza, os argumentos condenatórios à Maçonaria promovidos, desde a sua fundação moderna, justamente pela forma simbólica do seu "juramento", muito parecido com aquele exigido pelo Direito Inglês pelos idos dos séculos XVII e XVIII: ***O perjúrio deveria ter queimadas as entranhas, atiradas ao mar, etc.***

Tenho como acertado que Sílvio Romero foi um brilhante historiador, mas da literatura brasileira. Igualmente filósofo, sociólogo e grande polemista. Deste modo, ponho, academicamente, em dúvida, que este brasileiro maior, nascido em Lagarto, SE, em 1851 e falecido no Rio de Janeiro, em 1914, pudesse ter sido membro do tal Clube das Luvas Negras, cujos membros se reuniam no cemitério indígena para assassinar os perjuros da Maçonaria!

Uma afirmação de tal envergadura não estará, evidentemente, desprovida do necessário suporte heurístico. Certamente o ilustre presidente do Instituto Histórico e Artístico de Paraty reuniu outras evidências, além do depoimento, igualmente importante, de um ex-escravo.

Sendo Profano, o pesquisador não está obrigado a saber a cor das luvas de um Maçom, mas o Obreiro da Arte Real achará no mínimo estranho associar a Espada e o Avental a um par de luvas negras.

Não tenho conhecimento até a presente data da qualidade maçônica de Silvio Romero. Gostaria de tê-la como certa, o que de sobremodo engrandeceria a nossa Instituição. Do mesmo modo, enquanto pesquisador da Maçonaria, especialmente no século XIX, jamais ouvi falar nesta sociedade chamada de "Luvas Negras". Compreendo que uma sociedade de assassinos não nos legaria testamento por escrito, mas é desejável que novas fontes além das citadas sejam apresentadas.

Faço estas considerações dentro do rigor acadêmico. Meu objetivo, que não passará despercebido pelo autor das considerações aqui discutidas, é contribuir com a Loja "União e Beleza" na conscientização de que o verdadeiro historiador está permanentemente acumulando informações, enriquecendo-as com novas fontes, cabendo aos que se dedicam ao estudo sério da historiografia maçônica repudiar tudo aquilo que pareça incoerente.

Por mais tentador que possa parecer é preciso resistir à idéia de romancear o tema, que deve ser tratado de maneira séria pelos que verdadeiramente admiram a Maçonaria. Temos a obrigação, enquanto Maçons, de averiguar as fontes e as informações. Esquecido, este importante detalhe, permitiremos que num momento futuro, uma vez lidas as nossas declarações, possa se colocar em dúvida a própria Instituição.

Luiz Gama: Emancipacionista ou Abolicionista?

Em artigo publicado no Jornal do Comércio[45], Victor Zappi titulou Luiz Gama de "advogado dos escravos, precursor do Abolicionismo e Venerável da Loja Maçônica "América"". O referido artigo tratou de homenagear o grande brasileiro, comemorando o dia da Abolição da Escravatura. Pretendo buscar o entrecruzamento entre as categorias que titulam este artigo.

Luiz Gonzaga Pinto da Gama nasceu na Bahia a 21 de junho de 1830. Filho natural de uma africana livre, Luiza Mahin, da nação Nagô, e de um fidalgo, que arruinado por dívidas de jogo vendeu o próprio filho a um comerciante de escravos. O nome do progenitor jamais foi mencionado pelo filho lançado fora.

Segundo informa o articulista, Luiz Gama foi revendido no Rio de Janeiro a um outro comerciante de São Paulo, o alferes Antônio Pereira Cardoso, que o levou a Santos, e, posteriormente, a pé, com a idade de 10 anos, juntamente com um lote de escravos, a Campinas.

---

[45] Jornal do Comércio, 13 de maio de 1998.

Outro ponto obscuro da vida de Luiz Gama é o fato de ter obtido a prova de que tinha nascido livre, após o seu retorno à cidade de São Paulo. Antes da sua liberdade, aprendeu vários ofícios na casa do alferes. Em 1848 abandonou a casa do seu antigo senhor para sentar praça na Força Pública de São Paulo.

Amigo do professor de Direito, Dr. Furtado de Mendonça, assimilou grandes conhecimentos jurídicos que o transformaram num notável advogado, orador eloqüente e um dos mais devotados lutadores da causa do negro: **valores que, sem a menor dúvida, justificam o título de "advogado dos escravos"**. Poeta, publicou poesias satíricas, como a memorável sátira contra os brancos: ***A Bodarrada.*** Também é da sua lavra: ***Primeiras Trovas Burlescas de Getulino.***

Ingressou no jornal "O Ipiranga" como aprendiz de tipógrafo, depois para a redação do "Radical Paulista" que tinha como colaboradores Rui Barbosa e Castro Alves. Seu nome consta da fundação do Partido Republicano de São Paulo. Faleceu a 25 de agosto de 1882, na cidade de São Paulo, pobre, mas com a cidade toda enlutada e o seu ataúde carregado à mão pelo povo.

Hebe Maria de Mattos, propondo-se a discutir as relações entre identidade racial, escravidão e cidadania no Brasil oitocentista, não nega que Luís Gama discursava e escrevia contra a discriminação racial. Apesar disso, não privilegiava episódios de constrangimentos vividos na sua condição sempre assumida de não-branco[46].

Luiz Gama enfrentou com coragem o absurdo conceito de raça e as teorias de superioridade e inferioridade racial no pensamento social brasileiro. Sua poesia, sobre os "bodes"[47], nos mostra a sua luta contra a discriminação racial no Brasil:

Se negro sou, ou sou bode
Pouco importa. O que isto pode?
Bodes há de toda a casta,
Pois que a espécie é muito vasta...
Há cinzentos, há rajados,

---

[46] Hebe Maria de Mattos, ***Escravidão e cidadania no Brasil monárquico,*** p. 57, Rio de Janeiro: Jorge Zahar Editor, 2000.

[47] Ao contrário do que poderá pensar o Maçom mais "afoito", "bode" era a designação pejorativa para os homens livres com ascendência africana. Cif. Hebe Maria de Mattos, op. cit. p. 60.

Baios, pampas e malhados,
Bodes negros, ***bodes brancos,***
E, sejamos todos francos,
Uns plebeus, e outros nobres,
Bodes ricos, bodes pobres,
Bodes sábios, importantes,
E também alguns tratantes...[48]

Afirma o articulista Victor Zappi, que "Luiz Gama chegou a ocupar o lugar de Venerável da Loja Maçônica **"América"** e é bem provável que aquela sociedade secreta o tenha apoiado bastante na sua luta contra a escravidão"[49].

A Maçonaria, notadamente a partir de 1850, perdeu o seu caráter "secreto" e, de maneira mais transparente, mostrou a sua face humanista e humanitária[50]. Deste modo passou a advogar a causa emancipacionista e irmanou-se aos clubes na sua luta contra a escravidão. Vários membros da elite intelectual do Império dela faziam parte e, por meio da Instituição promoveram, com notável entusiasmo, a abolição lenta e gradual do negro.

A preocupação da Maçonaria brasileira com a emancipação, conforme se verifica nas atas das Lojas, estão conforme o princípio iluminista da abolição lenta e gradual defendida fundamentalmente por Condorcet na obra ***"A Escravidão dos Negros"***[51], posteriormente traduzida pelo engenheiro Aarão Reis, que propunha abolir a escravidão dos negros gradualmente através das seguintes medidas:

1: Proibição completa do tráfico, alcançada por proposta do Conselheiro Eusébio, Maçom, em 4/9/1850[52].

2: Emancipação dos nascituros, que teve participação de Maçons como Ubaldino do Amaral (Loja "Perseverança III" de Sorocaba), Rui Barbosa (Loja "América") e do Visconde do Rio

---

48 Hebe Maria de Mattos, op. cit., p. 61.
49 Parece ser igualmente o entendimento de Hebe Maria Mattos, op. cit., p. 57.
50 Cif. Frederico Guilherme Costa, ***A Maçonaria e a emancipação do escravo,*** Londrina: Editora Maçônica "A TROLHA", 1999.
51 Condorcet, ***"A Escravidão do Negro (Reflexões)***, Rio de Janeiro: Typ. de Serafim José Alves, 1881.
52 O Conselheiro Eusébio de Queirós era Maçom. A comprovação pode ser feita no discurso proferido pelo "Irmão" Antônio Alves Coruja, in Boletim do Grande Oriente do Brasil, março de 1872, p. 108.

Branco que acumulava com as suas funções no Gabinete o cargo de Grão-Mestre do Grande Oriente do Brasil[53].

3: Emancipação ***gradual*** dos escravos atuais.

Luiz Gama defendeu a seu modo a democratização do acesso à instrução como caminho efetivo para a emancipação social, através do engajamento da Maçonaria, através da Loja "América"[54].

Luiz Gama viveu dois momentos importantes da luta contra a escravidão: **a emancipação** e a **abolição**. O primeiro advogando a gradualidade no trato com o problema do negro e o segundo, a partir da promulgação da Lei do Ventre Livre, dentro do entendimento defendido, entre outros por Nabuco, de que a lei não libertava para valer, defendendo a ruptura com o estatuto legal, na contramão do direito de propriedade. Sem dúvida o nosso "advogado dos escravos" pode ser enquadrado tanto em uma como em outra categoria, dependendo da leitura que fizermos da sua atuação e, fundamentalmente, do momento histórico em que atuou.

A questão se prendia à lógica da ordem, dos velhos fantasmas do Haiti – ***o grande medo*** –[55], e das revoltas baianas, presentes nas cabeças daqueles homens. Mesmo abolicionistas como Joaquim Nabuco[56], que denominava a escravidão como "nefanda instituição", sempre criticou os incêndios em canaviais e os grupos que defendiam a ação direta, incentivando a fuga dos negros, como os "caifazes" de Antônio Bento[57].

Antônio Bento e os seus caifazes não promoveram uma campanha a nível emancipacionista, como ocorreu com a maioria dos centros libertadores. Eles jamais aceitaram a luta em favor da emancipação do escravo como era entendida pela maioria dos Maçons

---

[53] Idem, ibidem.

[54] Hebe Maria de Mattos, op. cit., p. 57.

[55] Estou me referindo à revolta dos negros, liderados por de Toussaint-Converture, em 1791.

[56] Joaquim Aurélio Barreto Nabuco de Araújo. 19/8/1849 + 17/1/1910 (Washington). Iniciado na mesma Loja de Rui Barbosa: **Loja "América"**, de São Paulo, em dezembro de 1868.

[57] Segundo nos informa Alaôr Eduardo Scisínio, ***Dicionário da Escravidão,*** p. 226, Rio de Janeiro: Léo Christiano Editorial Ltda., 1997, Antônio Bento liderou um movimento abolicionista revolucionário de São Paulo, nascido da reunião dos Irmãos da Irmandade Negra de N. Sª dos Remédios, a Ordem dos Caifazes. Os caifazes formavam uma organização subversiva, com atuação em São Paulo desde 1882 e com a cobertura do jornal ***A Redenção*** fundado por Antônio Bento.

brasileiros. Sua obstinação revolucionária representou uma ação direta contra a ordem estabelecida.

O próprio José do Patrocínio, apesar dos discursos exaltados e da sua famosa declaração de que a "**escravidão era um roubo e todo dono de escravo era um ladrão**", se opunha a uma **"ruptura traumática"**. Luiz Gama comungava o mesmo entendimento, quando desenvolveu intensa atividade jurídica para libertar os seus irmãos forçados à escravidão, até a sua morte em 25 de agosto de 1882.

O gosto "europeísta" estimulava a idéia da emancipação lenta e gradual do negro dentro dos pressupostos dialéticos onde a liberdade era entendida como um "progresso refletido; progresso racional", conforme se comprova no discurso do Visconde do Rio Branco por ocasião da homenagem que lhe foi prestada nas dependências do Grande Oriente do Brasil em março de 1872, alusiva às comemorações da promulgação da Lei do Ventre Livre[58].

SUPORTE BIBLIOGRÁFICO

1. BOLETIM DO GRANDE ORIENTE DO BRASIL, março de 1872.
2. CONDORCET, Marie Jean Antoine Nicolas Caricat, ***A Escravidão dos Negros (Reflexões).*** Rio de Janeiro: Typ. de Serafim José Alves, 1881.
3. COSTA, Frederico Guilherme, ***A Maçonaria e a emancipação do escravo.*** Londrina: "A TROLHA", 1999.
4. JORNAL DO COMÉRCIO, 13 de maio de 1998.
5. MATTOS, Hebe Maria, ***Escravidão e cidadania no Brasil monárquico***. Rio de Janeiro: Jorge Zahar Editor, 2000.
6. SCISÍNIO, Alaôr Eduardo. ***Dicionário da Escravidão.*** Rio de Janeiro: Léo Christiano Editorial Ltda., 1997.

[58] Boletim do Grande Oriente do Brasil, março de 1872, comemorativo à promulgação da Lei do Ventre Livre.

A Idéia de Império do Brasil

O Brasil, com sua imensidade territorial, estimulava as mentes responsáveis pelo processo de emancipação política, tendo como arquétipos Roma e Napoleão Bonaparte. Este último, modelo ímpar para homens como José Bonifácio, um perfeito burocrata ilustrado muito próprio do século XVIII. A idéia era a de entronizar de modo inédito a figura de D. Pedro. Sua autoridade tinha de ser ritualizada, passando pela aclamação em praça pública, na Câmara, passando pelo povo nas ruas para adentrar a igreja onde simbolicamente estaria sendo cumprida a vontade de Deus.

Tudo se deu conforme anteriormente acertado. A coroação de D.Pedro I ocorreu no dia 1 de dezembro de 1822, na cidade do Rio de Janeiro, após as diversas aclamações das Câmaras. Esta data recuperava astutamente as comemorações portuguesas pelo fim do domínio espanhol. Era uma maneira de o Brasil explicar a Portugal que não voltaria a ser colônia, a se submeter a seu mando, da mesma forma como Portugal se tornara independente da Espanha[59].

[59] Iara Lis C. Souza, ***A Independência do Brasil,*** p. 63, Rio de Janeiro: Jorge Zahar Editor, 2000.

Tinha chegado o momento de fundar uma nova sociedade com um corpo político autônomo: o projeto de um poderoso império luso-brasileiro idealizado desde fins do século XVIII por um conjunto de homens de saber que atuavam no âmbito do Estado metropolitano; o desejo de muitos senhores e negociantes luso-brasileiros de adquirir na esfera política e pública, a mesma importância conquistada na geração da riqueza; os debates acalorados sobre a implantação de uma Constituição para o império luso-brasileiro enfocando as formas de viver em sociedade e a elaboração do contrato social; a atuação das câmaras brasileiras; e a implantação de uma liturgia do poder centrada na figura do imperador[60].

O projeto de um vasto império remonta ao governo do marquês de Pombal (1750-77), respaldado por uma burguesia mercantil portuguesa sediada em Lisboa e composta por um rol de famílias importantes. Na versão pombalina, o império representava uma unidade política e mercantil simbolizada pela monarquia, sintetizada e amarrada na figura do rei[61].

Muitos destes homens investidos com tais idéias se envolveram com a Maçonaria, polemizando o bem comum e a felicidade geral. Aí temos a idéia do "FICO": *–"Como é para o bem de todos e felicidade geral da nação, estou pronto; diga ao povo que fico".*

O episódio representou uma reação aos decretos das Cortes de Lisboa de 29 de setembro de 1821, as quais pretendiam a recolonização do Brasil e o retorno de D. Pedro a Portugal. Com uma representação de 6.000 assinaturas, exigia-se a convocação de uma Assembléia Constituinte e uma Constituição para o Brasil, que passaria, então, a ter a sua soberania nas ***Cortes Brazilianas.***

O presidente do senado da Câmara do Rio de Janeiro[62] era Maçom da Loja "União e Tranqüilidade". Seu nome simbólico era *Camarão.* No ato da entrega das representações pronunciou o histórico discurso conclamando D. Pedro a permanecer no Brasil, criando um movimento de opinião pública para impedir o embarque exigido pelas Cortes portuguesas.

---

[60] Idem, p. 10.
[61] Idem, p.13.
[62] José Clemente Pereira.

Segundo o escritor Maçom Nicola Aslan[63], na 17ª Sessão do Grande Oriente do Brasil, em que D. Pedro, eleito Grão-Mestre, foi proposta por Gonçalves Ledo a sua aclamação como Rei do Brasil. O Brigadeiro Alves Branco, tomando a palavra, propôs que a aclamação fosse de Imperador e não de Rei. Infelizmente, não encontramos na referida ata a informação dada por Nicola Aslan, mas no discurso de Domingos Alves Branco Muniz Barreto, saudando o novo Grão-Mestre (D. Pedro I), o orador deixa claro o interesse e apoio da Maçonaria brasileira para se criar um grande Império brasileiro:

> ***Vós confiastes em nós, e nós confiamos em vós. A vossa firmeza nesta confiança devia ser tão indissolúvel como o é a nossa, e, portanto não vos deveis abandonar aos caprichos e às persuasões dos nossos inimigos, fazendo-vos crer que esta respeitável assembléia maçônica, que tanto tem cooperado para segurar e manter o edifício da independência e elevá-lo à categoria de Império (...) Atendei que, na criação de um Império, deveis ter muita consideração qual é o gênio que a pode conservar e o que o pode destruir***[64].

Não existe dúvidas a respeito da unanimidade maçônica na aclamação de D. Pedro, seu Grão-Mestre, e assimilação da idéia pombalina de um grande Império português. Apoiava, assim, os pedreiros livres a pretensão do Bragança de estender seus domínios além do Brasil. O Brasil sucessor das idéias imperiais de Portugal agora curvado, na iminência de uma guerra civil que terá como personagens importantes na hora própria, dois Irmãos e uma morte prematura de D. Pedro I, vencedor de uma disputa fratricida.

---

[63] Pequenas biografias de grandes Maçons brasileiros, Rio de Janeiro: Editora Maçônica, 1973, p. 31.

[64] Teixeira Pinto, ***A Maçonaria na Independência do Brasil,*** Rio de Janeiro: Editora Salogan Ltda., 1961, p. 90.

Maçonaria Conservadora?

Admito a complexidade de um aprofundamento maior na história recente da Maçonaria brasileira.

Ouvimos com freqüência referências desagradáveis a respeito dos Quadros Maçônicos e o entendimento corrente de que a Instituição está cada vez mais fora da história; muito distante do interesse real de uma sociedade moderna e bastante desenvolvida. Uma sociedade que não compreendeu o século que se finda, portanto, sem ingresso garantido para o novo milênio.

São argumentos fortes sustentados por personalidades ilustres e habituadas com as chamadas sociabilidades. Na falta de uma hermenêutica maçônica nós, os acadêmicos, conceituamos a Maçonaria como um meio alternativo de sociabilidade, onde encontramos um farto material a ser pesquisado no campo da memória, da leitura e das práticas funcionais desta sociedade tão proeminente nos séculos XVIII e XIX.

Em recente publicação organizada por Francisco Carlos Teixeira da Silva e outros, intitulada ***Dicionário Crítico do Pensamento da Direita,*** Rio de Janeiro: Mauad, 2000, encontrei o verbete, **Maçonaria**. Tal inserção da Ordem neste dicionário pode levar o leitor a associá-la com os chamados movimentos de direita como o fascismo, justicialismo, etc...

Os organizadores do dicionário entendem o Brasil até hoje como um país ainda envolvido no lento processo de construção de uma sociedade liberal e de um sistema democrático de verdade[65]. Nestas circunstâncias não seria temerário admitir que a Maçonaria não foi escolhida para ilustrar a obra por ser uma sociedade liberal.

Para os organizadores do dicionário a Maçonaria moderna, no decorrer do século XVIII, se transformou em espaço de afirmação de uma cultura política iluminista, ou seja, espaço do debate, das práticas eletivas, da representação, da circulação de idéias, da deliberação, do caráter associativo livre. Todavia, singularizava-se em relação a outros espaços de "sociabilidade ilustrada" por ser uma sociedade iniciática, secreta (sic), cosmopolita, marcada por uma rígida hierarquia e por rituais profundamente influenciados pelo esoterismo (sic)[66].

Apesar de admitirem o reduzido número de estudos acadêmicos sobre a História da Maçonaria no Brasil, fazem o devido destaque para a atuação da Instituição na sua luta contra a Igreja Conservadora à época da chamada "Questão Religiosa", pugnando no seu compromisso de lutar por um estado laico, racional e de total liberdade religiosa.

Entendida no seu nascimento como filha ilustre das ***luzes*** que brilhavam na Europa, num segundo momento revolucionária, recebe o epíteto de uma sociedade inimiga da moral cristã sendo, em decorrência, essencialmente má e desestabilizadora da ordem conservadora.

Concluem os autores deste interessante dicionário que embora a atuação da Maçonaria no final do século XX tenha se diferenciado substancialmente em relação ao século XIX, quando ela desempenhou importante papel na luta por uma sociedade mais secularizada, a sua singularidade organizacional contribuiu para que o discurso antimaçônico ganhasse, especialmente a partir dos

---

[65] Francisco Carlos Teixeira da Silva, Sabrina Evangelista Medeiros e Alexander Martins Vianna, ***Dicionário Crítico do Pensamento da Direita***, Rio de Janeiro: Editora Mauad, 2000, p. 102.

[66] Idem, p. 293.

anos de 1930, novas faces: "de escola de revoluções", a Maçonaria passou a ser associada a seita satânica, constituindo-se numa antiigreja, ou vista como centro do complô internacional judaico[67].

Parece ser entendimento corrente nos meios acadêmicos que a Maçonaria atual pode ser entendida conservadora na medida que teria um ***segredo***, a ***Iniciação***, uma ***hierarquia rígida*** e um ***cosmopolitismo*** que se mostram úteis ao discurso que a enquadra na categoria de conspiradora. Seria este um discurso inútil? Não, na medida que falta discutir a possibilidade liberal desta mesma Maçonaria. É o que pretendo mostrar a seguir.

Tentar identificar a Maçonaria brasileira com o liberalismo oferece dificuldades específicas, apesar da história da Instituição dos chamados "pedreiros livres" estar intimamente ligada à luta contra o absolutismo. Desde o seu início ***regular***, recebeu nos seus Quadros uma quantidade significativa de conservadores. Entretanto, é difícil chegar a um consenso acerca do que seja um Maçom liberal ou conservador e do que existe de democrático na Maçonaria, pois o liberalismo é precisamente o que distingue a democracia liberal das democracias não-liberais, como as que existiram no Brasil durante os períodos de arbítrio com Maçonaria, com raríssimas exceções, sempre atuante. Acrescente-se uma certa indefinição, no tempo e lugar, quanto aos referenciais históricos do termo liberalismo no Brasil. Daí a célebre frase de Holanda Cavalcanti:

> *Nada mais igual a um Saquarema do que um Luzia no poder*

O liberalismo é um fenômeno histórico que surge na Idade Moderna. Com efeito, na era da descolonização, o liberalismo é menos absorvido na América Latina do que as ideologias nascidas na Europa, como a democracia, o nacionalismo e o socialismo. Para o historiador, de todo o modo, o liberalismo deve representar um fato histórico. Todavia é possível encontrar diversas definições históricas; não basta a ***marca*** do liberal, como pretendeu Holanda Cavalcanti, para entender uma época histórica.

Desde 1817 que as associações paramaçônicas, como se verifica no movimento de 1817 em Pernambuco, contra o domínio português, souberam articular-se com as academias que pregavam

[67] Idem, p. 294.

o ideal de liberdade, mas esta ***liberdade*** não pugnava pelo liberalismo como hoje é entendido. Nem mesmo o sentido ***republicano*** dado por alguns pesquisadores da revolução pernambucana nos autoriza o entendimento de uma Maçonaria republicana e liberal, apesar dos membros destas academias estarem influenciados pelo ideário da Revolução Francesa, cujo membro mais expressivo é o do general Gomes Freire de Andrade na sua luta para derrubar a Junta Governativa, quando se fixa em Lisboa e tenta derrubar o marechal Beresford.

No Brasil Imperial o termo ***liberal*** indicava uma atitude ***tolerante***, ou as profissões exercidas pelos homens ***livres***. A tolerância liberal da Maçonaria brasileira nos autoriza admitir que, apesar de ter o Iluminismo chegado a reboque na pregação da liberdade dentro das academias e das sociedades secretas, das pregações individuais daqueles que estudaram na Europa ou leram os livros das ***luzes***, a Maçonaria foi a grande responsável pelo fato do Brasil ter tido uma experiência monárquica importante e válida.

Não seria nenhum absurdo, portanto, afirmar que o nível de ingenuidade estabelecido no transcorrer da história do liberalismo maçônico durante o Império, com Maçons defendendo idéias contingentes no Parlamento, não era um liberalismo genuíno, mas membros de Partidos que se inspiravam nas idéias liberais que não desenvolveram uma política coerente com os princípios proclamados ao lado de outros que se inspiravam nas idéias liberais que não tomaram o nome de liberais; o que não significa que na Maçonaria brasileira inexistia idéias liberais.

Muito própria do Brasil Império, a idéia conservadora era dominante. Entretanto, os Maçons lutaram contra o opressão clerical e contra o absolutismo. Pretendiam a laicidade do Estado e do ensino, admitindo a Monarquia desde que respeitada a soberania popular.

Muitas acusações foram feitas contra a Maçonaria brasileira com o equivocado argumento de que ela defendia uma ação subversiva contra as instituições monárquicas e ódio profundo contra a Igreja. Como validar tais argumentos, se o seu segundo Grão-Mestre foi o primeiro Imperador do Brasil e dezenas dos melhores nobres e tantos clérigos pediam a Iniciação?

Na verdade, a expansão dos modelos doutrinários burgueses

na formação do pensamento maçônico brasileiro foi respondida pela Igreja Católica com o distanciamento e depois com práticas de franca hostilidade. O fortalecimento da corrente conservadora estava diretamente articulado à permanência da sua subordinação às diretrizes regalistas do estado Monárquico. Por outro lado, há que se considerar o fortalecimento da parcela burguesa maçônica, principalmente a que defendia um radicalismo democrático de que se revestiu conjunturalmente o processo abolicionista e até mesmo o golpe de 1889, instaurando a República no Brasil.

Por fim, não me parece que a historiografia maçônica tenha se preocupado com essas questões para que se possa consolidar uma Maçonaria democrática em que as divergências sejam aceitas, porque vista como natural na vida maçônica nos países mais desenvolvidos. Não importa que as Constituições Maçônicas apresentem ***traços*** liberais. O que está escrito é uma coisa muito diferente daquilo que efetivamente vem sendo praticado. Se me perguntarem se existe uma Maçonaria liberal no Brasil, responderei que existem alguns Maçons que se consideram liberais, pois a Maçonaria do Brasil, como o próprio país, jamais foi, de fato, liberal.

Filosofia e Maçonaria

A morte não nos afeta. Pois enquanto estamos vivos a morte não está conosco e quando ela está conosco, não existimos mais!

EPICURO

1.1. CATEGORIAS FILOSÓFICAS

A Maçonaria pretende tratar da Filosofia e faz muito bem isso. É comum ouvirmos que ela se apresenta como uma Escola Ética buscando construir um homem melhor, moralmente bem constituído. Seus membros são considerados livres pensadores, coincidentemente livres dos dogmas e superstições.

Pronto, acima estão transcritas algumas categorias fundamentais da Filosofia, muitas vezes citadas sem o conhecimento ou a mínima percepção do conceito que elas encerram.

Qual a diferença – se é que existe – entre a Ética e a Moral? Apesar de serem usadas pela Maçonaria indiferentemente, são categorias bem diferentes. A moral tem caráter ativo, enquanto a Ética se caracteriza por "juízos" que "determinam" as ações morais. Uma é a teoria; a outra, a prática.

Os Rituais Maçônicos indicam sempre uma atitude moral nas

ações dos membros reunidos, mas poucos Maçons levam em consideração a Ética. Estudar algumas questões éticas pode elevar a moral de muitos Maçons.

Não trataremos aqui dos aspectos descritivos e normativos da Ética, nem tampouco faremos considerações a respeito da capacidade que temos de reagir ao certo ou ao errado porque este trabalho pretende somente atentar para algumas considerações filosóficas e mais interessadamente justificar o estudo de três filósofos de influência fundamental na Filosofia Maçônica: Locke, Hegel e Vico.

2.2. JOHN LOCKE

O estado de natureza possui uma lei da natureza para governá-lo, que obriga a todos: e a razão, que é essa lei, ensina a toda a humanidade, que não terá senão que consultá-la, que, sendo todos iguais e independentes, ninguém deve prejudicar a vida, a saúde, a liberdade ou os bens de outrem.

ENSAIO SOBRE O ENTENDIMENTO HUMANO, II, CAP. 2, SEÇÕES 6 1 6-10

Locke nasceu em 29 de agosto de 1632 em Somerset, no vilarejo de Wrington. Seu pai era um advogado rural e sua mãe, filha de um curtumeiro[68]. Em 1652, Locke matriculou-se como aluno de graduação em Christ Church, Oxford. O currículo se restringia ao estudo dos clássicos, da lógica e da metafísica. Por achar estes estudos por demais maçantes, Locke começou a se interessar por experiências químicas e medicina[69].

A julgar pelos retratos, Locke era um homem de aparência bastante distinta e austera, embora isso possa ter sido uma compensação à sua constante saúde frágil. Tudo indica que sofria de asma desde a infância, o que já foi atribuído a causas psicossomáticas[70].

Apesar da saúde frágil, lia até tarde da noite. Tudo indica

[68] Paul Strathern, ***Locke em 90 minutos***, Rio de Janeiro: Jorge Zahar Editor, 1997, p. 11.
[69] Idem, pp. 16/17.
[70] Idem, p. 20.

que pode ter sido professor de grego antigo. Seus estudos eram exclusivamente teóricos[71].

Assim como seu país, ele se mantinha profundamente dividido entre a adesão à tradição monarquista e o entusiasmo puritano[72].

Na idade madura de 34 anos, descobriu sua vocação em Descartes que lhe proporcionou o gosto pelos estudos filosóficos. O pensamento cartesiano e o seu método teria influência decisiva sobre Locke[73]. Ele compreendia a importância de Descartes na superação de Aristóteles e na ruptura com séculos de escolástica sufocante[74].

Quando era aluno de graduação leu a obra-prima do autoritarismo político: ***O Leviatã*** de Hobbes, onde o autor expõe a visão pessimista de que sem governo "a vida do homem é solitária, sórdida, animalesca e curta". Qualquer forma de governo era melhor do que nenhuma e devíamos obedecer a qualquer um que estivesse no comando[75].

Sempre negou que tivesse sido Hobbes quem primeiro o influenciara em seu pensamento sobre filosofia política. Em 1663 escreveu um ensaio intitulado ***A lei da natureza***, que marca um estágio decisivo em seu pensamento unindo a filosofia e a política[76]. Sua obra-prima foi o ***Ensaio sobre o entendimento humano***, mas no que se refere a uma eventual apropriação da Maçonaria moderna a obra em questão seria ***A Carta Sobre a Tolerância***, conforme procurarei demonstrar.

John Locke morreu em 28 de outubro de 1704 e foi enterrado na igreja de High Lever.

Em 1992 recebi um convite para ministrar o Curso de Extensão: ***Introdução à História da Maçonaria*** na Universidade do Estado do Rio de Janeiro (UERJ). Para cada aula foi selecionada uma bibliografia básica.

Na segunda aula tratei das origens da Maçonaria moderna; do clima intelectual na Europa em fins do século XVII e de John Locke e a Carta da Tolerância.

---

[71] Idem, p. 22.
[72] Idem, Ibidem.
[73] Idem, p. 23.
[74] Idem, Ibidem.
[75] Idem, pp. 25/26.
[76] Idem, p. 26.

Admiti que a obra de John Locke[77] publicada na primavera de 1689 e dedicada ao sábio holandês Limborch, apresenta pontos que, no meu entendimento, poderiam ter influenciado os autores da Constituição Maçônica de 1723, concernentes a Deus e à religião[78]. Diz o texto legal maçônico:

> *Um Maçom é obrigado, por sua condição, a obedecer à lei moral; e se compreende bem a Arte, não será jamais um ateu estúpido, nem um libertino irreligioso. Mas se bem que nos tempos antigos os Maçons fossem obrigados em cada país a ser da religião, qualquer que fosse, desse país ou dessa nação, contudo é considerado mais conveniente de somente os sujeitar àquela religião sobre a qual todos os homens estão de acordo, deixando a cada um suas próprias opiniões; isto é, serem homens de bem e leais, ou homens de honra e de probidade, quaisquer que sejam as denominações ou confissões que os possa distinguir; pelo que a Maçonaria se torna o centro de união, e o meio de firmar uma amizade sincera entre pessoas que teriam ficado perpetuamente distanciadas.*

A Carta Sobre a Tolerância tem como fundamento básico a liberdade racional, sem a qual o homem não pode realizar a sua humanidade, não pode tornar-se um ser completo[79]. Locke se preocupou em distinguir a comunidade política da sociedade religiosa. A separação entre a Igreja e o Estado deveria ser total e aquela não

---

[77] Carta Sobre a Tolerância, Lisboa: Edições 70, 1987.

[78] Constituições de Anderson, Segunda parte, I, concernente a Deus e à religião, tradução de João Nery Guimarães, p. 50. É entendimento corrente que a filosofia de Locke era revolucionária – inspirou tanto a Declaração de Independência dos Estados Unidos como a Revolução Francesa, cif. Paul Strathern, ***Locke em 90 minutos,*** op. cit., p. 46.
As Constituições de Anderson são o documento básico da Moderna Maçonaria. Publicada em 1723, alterada em 1738, em 1756, em 1767 e em 1784. A primeira parte relata a história da Arquitetura nos diversos países da Antiguidade; a segunda contém as velhas Obrigações, onde se pauta o comportamento dos Maçons em Loja e fora dela – são os Regulamentos Gerais, coligados por Jorge Payne, Grão-Mestre da Loja da Inglaterra em 1718/1719 e em 1720/1721 cotejados com os velhos arquivos e que foram examinados por sessenta e dois Maçons; a terceira contém o Regulamento da Grande Loja de então, em 39 artigos; a Quarta (*Post-Script*) indica a maneira de se constituir uma nova Loja; a derradeira quinta parte, espécie de apêndice, inclui o texto e a música de 4 canções entoadas nas Lojas.

[79] John Lock. Op. cit., p. 86.

poderia, de maneira alguma, ser subordinada a um soberano estrangeiro[80].

Para este filósofo o ateu não merecia consideração[81], pois a crença num princípio criador era fundamental dentro da liberdade essencial do homem[82]. Continuando, afirma Locke que a retidão dos costumes, que não constitui a menor parte da religião e da piedade sincera, diz também respeito à vida civil. O que é lícito no Estado não pode ser proibido pelo magistrado na Igreja[83].

A proposta da moderna Maçonaria vai exatamente na direção proposta por Locke. O pretendente deve ser, sobretudo, livre e de bons costumes. Vimos no texto constitucional maçônico que um Maçom "se bem compreende a Arte, não será jamais um ateu estúpido, nem um libertino irreligioso".

Locke sempre condenou o ateu, mas o seu entendimento sobre o libertino é muito transparente ao afirmar que o homem pode ser libertino, o que não pode é deixar de freqüentar o Templo, numa crítica à falsa moralidade imposta aos juízos de valores[84].

A liberdade, segundo Locke, não significa autorização para praticar tudo aquilo que se deseja, porém o privilégio de obedecer a lei, realizando, desta forma, a natureza humana. Esta lei, entretanto, será sempre racional, excluindo-se dela tudo que atente a comunidade política e a paz civil. Até para professar um credo o homem deve se fundamentar na razão[85].

É surpreendente a semelhança das últimas palavras do artigo 1º das Constituições de Anderson concernente a Deus e à religião, com a conclusão de John Locke sobre o mesmo tema. A tolerância do filósofo fala por si: "É permitido adorar a Deus à maneira de Roma? Que seja tal permitido, assim como a maneira de Genebra... a Igreja acolhe a disciplina dos presbiterianos? Por que não também a dos episcopalianos?... As reuniões eclesiásticas e as pregações estão – já o demonstramos – em conformidade com o uso público: se são autorizadas aos cidadãos de uma única igreja ou de uma única seita, por que não a todas?[86]

---

[80] Idem, p. 48.
[81] Idem, p. 55.
[82] Idem, Ibidem.
[83] Idem, pp. 108/109.
[84] John Locke, op. cit., pp. 100/101.
[85] Idem, p. 41.
[86] Idem, pp. 118/120/121.

Neste ponto temos, ***avant la lettre***, o CENTRO DE UNIÃO, proposto e aprovado em 1723 pela Moderna Maçonaria.

Estes são alguns pontos, dentro do clima intelectual na Europa em fins do século XVII que, no meu entendimento, poderiam ter servido de paradigma para os autores da Carta Maçônica de 1723. O que Locke defendia como tolerância, os Maçons traduziram como centro de união.

3.3 HEGEL

Todo o racional é real e todo o real é racional.
Filosofia do Direito: Prefácio.

Georg Wilhelm Friedrich Hegel nasceu em 27 de agosto de 1770 em Stuttgart e faleceu vítima de cólera, em Berlim, em 14 de novembro de 1831. Filho de funcionário público, Hegel tornou-se o maior filósofo da história e o maior historiador da filosofia.

Quando defendi a minha Dissertação de Mestrado em História na Universidade do Estado do Rio de Janeiro, tratando da emancipação lenta e gradual do negro e o papel representado pela Maçonaria brasileira, em março de 1999, estabeleci a base teórica como sendo a Ilustração e os fundamentos dialéticos hegelianos: a tese como **razão**; a antítese como **a natureza** e a síntese, os **Maçons** que agem no tempo, na História. É sobre esta base teórica que pretendo discutir.

Não devemos nos esquecer que a liberdade e a igualdade remetem à trilogia dialética, utilizada pela Maçonaria, "Liberdade, Igualdade e Fraternidade". Tais termos só se compreendem pela negação da negação.

Em Hegel, a Filosofia e a História se encontram. Foi o filósofo que decididamente mudou a concepção de História. O filósofo inspirou os movimentos conhecidos como hegelianos de direita, centro e esquerda. Fica patente que Hegel destaca-se como agente influente em todos os sistemas políticos e ideológicos[87].

Para Hegel, a base da escravidão geralmente repousa na premissa da falta de consciência do homem na sua ***liberdade***. Com

---

[87] "(...) o pensamento político de Hegel se presta a mais de uma interpretação".Veja Roland Corbisier. ***Enciclopédia Filosófica***, 2ª ed. Rio de Janeiro: Civilização Brasileira, 1987, verbete "Hegelianismo".

relação aos africanos, a escravidão era algo natural para aqueles que faziam escravos os seus congêneres, daí não considerarem ***inadequado*** a escravidão proposta pelos europeus[88].

Apesar das diferenças profundas quanto a forma de aceitação da escravidão, o que se pretende destacar é o ponto de vista hegeliano de que apesar da escravidão não existir nos Estados racionais, ela estava latente antes da sua formação como um "dever ser", uma escravidão ainda "necessária", representando uma transição de um estado inferior a outro superior[89].

Apesar de fundamental, a leitura de Hegel naquela dissertação de Mestrado faz parte de uma Bibliografia de referência. Dada a sua complexidade, o filósofo deve ser visto na minha leitura com elevado sentido pragmático no que se refere a liberdade do negro. Na sua filosofia da História, Hegel fornece suporte teórico para a proposta ilustrada e gradual da liberdade. Compreende-se, desta forma, a opção emancipacionista daquela geração de ilustrados brasileiros, receptivos aos ensinamentos do Mestre[90].

Enquanto para Kant existe um PLANO SECRETO DA NATUREZA, Hegel nos mostra um sistema através do qual se pode inserir todo o Universo; uma alma onde este Universo possa ser pensado. Assim, a escravidão do negro está contida no conceito de temporalidade, de totalidade, subordinada à providência. A liberdade para o filósofo está contida na sua teoria teleológica, mostrando que só muito adiante esta idéia de liberdade vai ser alcançada. A História "é desenvolvimento do Espírito no Tempo, assim como a natureza é o desenvolvimento da idéia no espaço", ou seja, ***idéia-natureza-espírito***. A História é o avanço progressivo da ***consciência da liberdade***, daí a proposta, absorvida pela Ilustração, de que a abolição da escravatura deva ser ***lenta e gradual***.

---

88 Georg W. F. Hegel, ***Lecciones sobre la Filosofía de la Historia Universal***, t. 1, p. 194. Buenos Aires: Revista Do Occidente, 1946.

89 Hegel, op. cit. , t. 1, p. 194.

90 Isto poderá ser observado nos pronunciamentos ou nas bibliotecas dos eruditos formadores das elites brasileiras, dentre os quais temos diversos Maçons como Hipólito da Costa, José Bonifácio, Evaristo Ferreira da Veiga, Rui Barbosa, Quintino Bocaiúva, etc.. Confira nas obras de José Castellani, ***Os Maçons que Fizeram a História do Brasil***, São Paulo: Editora a Gazeta Maçônica, 2ª ed., s/d e de Nicola Aslan, ***Pequenas Biografias de Grandes Maçons Brasileiros***, Rio de Janeiro: Editora Maçônica, 1973.

Um estudo sobre o tema, em Hegel, permite interpretar que embora o filósofo considere a escravidão injusta e a liberdade como essência do Homem[91], há uma contradição que permite a conclusão dialética da abolição gradual ao contrário da abolição abrupta, uma conquista suficientemente amadurecida e culturalmente compreendida. Não se trata aqui de justificar a escravidão mas de constatar como ela era legitimada pela sociedade do século XIX.

A base teórica daquela pesquisa está contida na idéia ilustrada, própria do Iluminismo, da emancipação lenta e gradual do escravo, transmitida para a geração contemporânea à promulgação da Lei Eusébio de Queirós e, fundamentalmente, quando da Lei do Ventre Livre, passando pelas três medidas propostas por Condorcet na sua obra ***"A Escravidão dos Negros"***[92]. As fontes desta representação se davam através das leituras de Maçons ilustres, das inúmeras alforrias comprovadas nas atas das Lojas que invariavelmente obedeciam ao princípio ilustrado da gradualidade, nos discursos oficiais da elite dirigente da Maçonaria e na memória conservada nos diversos boletins oficiais.

Esta Lei do Ventre Livre constitui a ***Base Empírica*** como uma opção para a abolição lenta e gradual da mão-de-obra escrava, conseqüentemente da Lei de 4/9/1850.

Minha hipótese, articulação entre a ***base teórica*** e a ***empírica*** está traduzida no conjunto de opiniões fundamentais dos Maçons atentos ao problema, do próprio texto legislativo e a **essência do projeto representada no papel da Maçonaria brasileira no sentido de libertar *gradualmente* o negro.** Não importa a constatação de que as Lojas Maçônicas eram formadas tanto por conservadores como por liberais, pois que as leis emancipatórias foram aprovadas por conservadores, apesar de representarem **bandeiras** dos liberais[93].

---

[91] W. F. Hegel, op. cit., op. cit., t. 1, p. 194.

[92] ***"A Escravidão do Negro (Reflexões)*** de Condorcet que assina com o criptônio de SCHWARTZ, traduzida por Aarão Reis, Rio de Janeiro, Typ. de Serafim José Alves - Editor, 1881. Cif. Nilo Garcia, art. ***Dom Pedro I e a Abolição in*** A Abolição do Cativeiro, pp. 192/193, Rio de Janeiro, IHGB, 1988.

[93] "A abolição da escravidão estava feita mediante as três leis conservadoras de 1871, 1885 e 1888 que depois da extinção do tráfico pelos conservadores alforriaram sucessivamente o ventre escravo, os sexagenários e todos os escravos sem distinção de idade ou de sexo. Aos liberais cabe, entretanto, a honra de terem

A preocupação da Maçonaria brasileira com a emancipação, conforme se verifica nas atas das Lojas, está conforme o princípio iluminista da abolição lenta e gradual defendida fundamentalmente por Condorcet na obra ***"A Escravidão dos Negros"***[94], posteriormente traduzida pelo engenheiro Aarão Reis, que propunha abolir a escravidão dos negros gradualmente através das seguintes medidas:

1: Proibição completa do tráfico, alcançada por proposta do Conselheiro Eusébio, Maçom, em 4/9/1850[95].

2: Emancipação dos nascituros, que teve participação de Maçons como Ubaldino do Amaral (Loja "Perseverança III" de Sorocaba), Rui Barbosa (Loja "América") e do Visconde do Rio Branco que acumulava com as suas funções no Gabinete o cargo de Grão-Mestre do Grande Oriente do Brasil[96].

3: Emancipação ***gradual*** dos escravos atuais.

A articulação entre a proposta da abolição gradual defendida pela Ilustração, absorvida e defendida pelos intelectuais brasileiros desde Hipólito da Costa[97], José Bonifácio[98], conforme se apreende nos seus diversos pronunciamentos e a base empírica representada, neste contexto, pela Lei do Ventre Livre com seus 7 artigos e diversos parágrafos foi demonstrada no conjunto de opiniões expressivas e pelo próprio texto legal. Outro não foi o paradigma dos legisladores a partir da eliminação do tráfico em 1850 que não o

---

com o gabinete Dantas convertido numa questão política, sujeita à discussão legislativa, o que não passava ainda de uma questão sentimental popular, excitando as paixões nas cidades e nas plantações. Na história parlamentar inglesa não é raro o fato de o partido conservador realizar as reformas sugeridas, pregadas e defendidas pelo partido liberal" ***in*** Oliveira Lima. ***O Império Brasileiro (1822-1889)***, p. 47. Brasília: Editora Universidade de Brasília, 1986.

94 ***"A Escravidão do Negro (Reflexões)*** de Condorcet, op. cit. Cif. nota 20.

95 O Conselheiro Eusébio de Queirós era Maçom. A comprovação pode ser feita no discurso proferido pelo "Irmão" Antônio Alves Coruja, in Boletim do Grande Oriente do Brasil, março de 1872, p. 108.

96 Idem, ibidem.

97 Hipólito José Pereira da Costa Furtado de Mendonça. 25/3/1774 (Sacramento) + 11/9/1823 (Inglaterra). Em 12/3/1799, por influência do seu amigo francês Mourque, é recebido membro da Loja "Washington nº 59", Filadélfia (USA). Entre 1812-1814 desempenhou, na Grande Loja Unida da Inglaterra, o cargo de Grande 1º Experto.

98 Conselheiro José Bonifácio de Andrada e Silva. 13/6/1763 (Santos – SP) + 6/4/1838 (Niterói). Primeiro Grão-Mestre do Grande Oriente do Brasil. Fundou o Apostolado em 2 de junho de 1822.

espírito da liberdade defendido por Hegel[99]. Outro não foi o pressuposto do impedimento constante da libertação da mão-de-obra escrava senão os interesses das elites latifundiárias que procuraram sempre protelar a ***liberdade*** sob a justificativa falsa da ***abolição gradual***.

As palavras do Visconde do Rio Branco agradecendo às homenagens em março de 1872, nas dependências do Grande Oriente do Brasil – "a Lei do Ventre Livre é um ***progresso refletido***; ***progresso racional***"[100], confirmam a sua leitura de Hegel e a idéia ***ilustrada*** da emancipação lenta e gradual do negro. Assim, podemos admitir uma associação dos princípios iluministas ao ideário humanitário da Maçonaria, direta ou indiretamente, como no caso das alforrias voluntárias conforme se verifica nas atitudes de inúmeros senhores de escravos filiados à Instituição[101].

A Maçonaria brasileira possuía nos seus Quadros homens letrados e conhecedores das idéias iluministas do século XVIII, conseqüentemente com a literatura estrangeira. Homens como Rui Barbosa[102], Ubaldino do Amaral[103], Saldanha Marinho[104], Antônio Alves Pereira Coruja[105], Pe. Almeida Martins[106], Visconde do Rio Branco, entre tantos outros, lutaram pela eliminação da escravidão.

Este pensamento existia na Maçonaria brasileira do século

---

[99] Georg W. F. Hegel, op. cit., t. 1, p. 194.

[100] Boletim do Grande Oriente do Brasil, março de 1872, p. 108.

[101] Com relação ao discurso de Rio Branco cif. Frederico Guilherme Costa, ***Breves Ensaios Sobre a História da Maçonaria Brasileira***, p. 87. Destaques meus.

[102] Senador Dr. Rui Barbosa de Oliveira. 15/11/1849 (Salvador – BA) + 1/3/1923 (Petrópolis – RJ). Em 1º de julho de 1869 torna-se Maçom, sendo Iniciado na Loja "América", em São Paulo, jurisdicionada ao Grande Oriente Unido dos Beneditinos (de Saldanha Marinho). Cópia da lista de presença com o seu nome em nosso poder.

[103] 1842 (Lapa – PR) + 1920. A ele se deve um dos primeiros projetos maçônicos de emancipação dos escravos, apresentado na Loja "Perseverança III", a 7 de agosto de 1869.

[104] 4/5/1816 (Olinda – PE) + 27/5/1895 (Rio de Janeiro). Grão-Mestre do Grande Oriente dos Beneditinos.

[105] Da Sociedade Defensora da Liberdade e da Independência Nacional do Rio de Janeiro. Grande Orador na sessão comemorativa da Lei do Ventre Livre, março de 1872.

[106] Responsável pelo famoso discurso em homenagem ao visconde do Rio Branco na Sessão de março de 1872 no Grande Oriente, que originou a chamada "Questão Religiosa". O Pe. Almeida Martins não atendeu as exigências do bispo Sebastião Lacerda para abandonar a Maçonaria.

XIX. Ajustava-se ao contexto da época em que se buscava solucionar o problema da escravidão. O humanismo, sem se confundir, necessariamente, com outro importante aspecto da Maçonaria, o humanitarismo[107], serviu de paradigma na luta contra as injustiças e exploração do negro no nosso país. A Maçonaria ensinava aos seus membros que deveriam respeitar tanto um teísta, um deísta, um agnóstico ou um negro.

Em nome do humanismo e do humanitarismo, os Maçons brasileiros citados naquele trabalho procuraram influenciar o Governo Imperial na solução da escravidão do negro. Não foi alcançado o ideal proposto pela Ilustração de uma verdadeira abolição gradual nos moldes propostos por Condorcet, mas alguma coisa foi conseguida apesar do clima que se seguiu após a promulgação da Lei que aparentemente emancipava os nascituros. A abolição abrupta de 13 de maio de 1888 não obedeceu ao pensamento ilustrado de Condorcet que defendia a abolição gradual dos escravos remanescentes, daí as conseqüências sócio-econômicas que perduram até o momento atual: uma população marginalizada e violenta.

Estas conseqüências nos autorizam a admitir que o 13 de maio não tem mais como referenciar um ato de humanidade da regente. É entendimento de especialistas[108] que o 13 de maio estabeleceu uma sociedade que "substituiu os açoites pelos acidentes de trabalho como uma das formas cruciais de disciplinarização e mutilação dos corpos dos trabalhadores".

A liberdade como essência do homem é contradição que permite a conclusão dialética da abolição gradual ao contrário da abolição abrupta representada pela Lei Áurea. Dentro da realidade histórica os princípios se alteram, porém o que propomos naquela dissertação foi a possibilidade de se harmonizar a História e a Maçonaria. Ambas têm como preocupação o homem no seu tempo. Ambas

---

[107] O humanismo [como filosofia cujo ponto central é o respeito pelo Homem e pela Humanidade concebidos como valores essenciais] é característica de toda a Maçonaria. De fato, também o seu objetivo primacial é o aperfeiçoamento do homem em si mesmo e nas relações com o seu semelhante, o culto da fraternidade, da igualdade e da liberdade humana. Ela é contra toda e qualquer atitude desumanizante. Veja A. H. Oliveira Marques, ***Dicionário de Maçonaria Portuguesa***, I, v. Humanismo, Lisboa: Editoral Delta, 1986.

[108] Sidney Chalhoub. ***Visões da Liberdade. Uma História das Últimas Décadas da Escravidão na Corte***. São Paulo: Companhia das Letras, 1990.

demonstram claramente que a ***liberdade*** associada ao progresso deve ser, como preconizou Hegel, uma conquista suficientemente amadurecida e culturalmente compreendida ESTA A GRANDE CONTRIBUIÇÃO DE HEGEL na formulação da nossa tese.

4.4 VICO

Giambattista Vico (1668-1744) nasceu em Nápoles. Depois de exercer o ofício de professor particular foi nomeado, em 1699, professor de retórica na Universidade de Nápoles e em 1723 ocupou a cátedra de Direito na mesma Universidade. No ano de 1734 foi nomeado historiador real[109].

Vico opunha-se ao cartesianismo na medida que entendia que somente Deus pode compreender a totalidade porque foi Ele que fez tudo.

A história pode, entretanto, ser entendida porque existe um ponto de referência no qual se reduz o acontecimento histórico concreto, a história ideal eterna de acordo com a qual ocorrem as histórias particulares.

Estas histórias particulares participam da eterna história ideal em virtude da intervenção da Providência, que impede que haja uma desordem na história.

Seriam três histórias sucessivas que se repetem em sucessivas idades: a idade divina (teocrática, sacerdotal), a idade heróica (arbitrária, violenta), a idade humana (moderada).

Cada uma das três etapas teria uma unidade de estilo, uma perfeita correspondência de todas as suas manifestações, desde a forma de governo até a forma de expressão. Trata-se da teoria cíclica de Vico.

Os séculos XVII e XVIII foram aqueles que separaram o conhecimento científico do religioso; separação entre a História da Terra e a História do Homem, estabelecendo-se a diferença entre ambas. Vico afirmava que só o homem tem história. A natureza não tem história sua. O homem não emerge da natureza, ele está, desde sempre, situado na natureza. Vico é o principal agente da

---

[109] José Ferrater Mora, ***Diccionario de Filosofía,*** V. 4, Madrid: Alianza Editorial, 1984, p. 3.421.

mudança de uma mentalidade religiosa para uma postura científica moderna[110].

Uma leitura atenta da história maçônica neste período torna evidente que a Instituição nas suas posições religiosas como nas suas opções políticas, se apresentava como seguidora das Doutrinas do Direito Natural e se pode descobrir nas suas análises da evolução da humanidade claras sugestões da teoria cíclica de Vico[111].

O ***ilustrado*** considera que o passado não apresenta um referencial obrigatório para a evolução da humanidade, senão o conjunto de erros que somente a razão pode explicar, único meio de se chegar a uma religião natural que iguale todos os homens a um deísmo que não nega a Deus, mas o relega à função de primeiro motor da existência[112].

Esta "religião natural" que iguala todos os homens num deísmo que não nega a Deus, está expresso, como vimos anteriormente, na Constituição de Anderson de 1723, primeiro documento da moderna Maçonaria, na sua parte concernente a Deus e a Religião. Portanto, o contexto da época do nascimento da Maçonaria moderna era o esclarecimento.

5.5 CONCLUSÃO

Admite-se que a Maçonaria dita "especulativa"[113] nasceu sob o impacto das **luzes** [Iluminismo] **que iluminavam a Europa dos setecentos**. Seus membros viveram as grandes transformações que se operaram no mundo. No Brasil tivemos Maçons de tendências muito variadas. Sem uma ideologia definida, a Maçonaria caminhou pari passu com as elites brasileiras, apesar de ter representado uma ponta de modernidade ao defender a emancipação dos escravos e apoiar, através de quadros importantes no cenário

---

[110] Patrick Gardiner. "A Interpretação do Processo Histórico", pp. 11/27, ***in Teorias da História***, 3ª ed., Lisboa: Fundação Calouste Gulbenkian, 1984.

[111] Antônio Egídio Fernandes Lojà. ***"A Luta do Poder Contra a Maçonaria"***, p. 207. Lisboa: Imprensa Nacional-Casa da Moeda, 1986.

[112] José Ferrater Mora. ***Diccionario de Filosofía***, v. 2, p. 1.624. Madrid: Alianza Diccionarios, 1984.

[113] Este termo significa não se tratar de uma Maçonaria operativa, própria da Idade Média. A Maçonaria "especulativa" teve o seu início em 1717 na cidade de Londres, Inglaterra.

nacional, discretamente a República, notadamente a partir de 1870, conforme ficará demonstrado no momento oportuno.

Tratar da história das idéias da Maçonaria no Brasil é, também, descrever as idéias da época: portanto, justificado está o estudo desses três filósofos. São eles que vão formar o "pensar maçônico". Particularmente, na Maçonaria brasileira, num processo de longa duração, desde o advento da Independência, os Maçons acabam por representar um discurso europeu.

A Maçonaria, trazida para o Brasil foi, num primeiro momento, início do século XIX, francesa e deísta. Tratava-se de uma Maçonaria que defendia uma religião natural que procurava, pelo menos nos seus fundamentos teóricos, igualar todos os homens, que não negava a existência de um Deus único, neutro, chamado de Supremo Arquiteto do Universo. Em um segundo momento, notadamente a partir de 1850, novas idéias começaram a se fazer sentir nas Lojas e na elite da Maçonaria brasileira: o positivismo que marcou o momento de maior transformação da mentalidade de uma nova burguesia e que possibilitou um desvio do político da Maçonaria brasileira na direção do humanismo.

Com argumentos racionais e lógicos, muitos Maçons questionaram a escravidão. O estímulo advinha fundamentalmente da Ilustração, movimento de idéias que criticou a submissão do homem à autoridade, à tradição, à superstição, incentivando o livre pensamento na direção dos direitos naturais e da felicidade.

Dessa forma, a Ilustração e a Maçonaria contribuíram para alimentar a condenação doutrinária à escravidão. Um crescente número de Maçons percebeu que a escravidão negra simbolizava todas as forças que ameaçavam o verdadeiro destino do homem.

Sem ser positivista, a Maçonaria brasileira, naquele momento, confundiu-se com o positivismo, na busca da "regeneração humana". A preocupação com a escravidão, com o federalismo e, finalmente com a República, entendida como progresso científico, pode ser, igualmente, encontrada, tanto nos pronunciamentos positivistas quanto nas atas de diversas Lojas Maçônicas. Entretanto, seria temerário identificar esta sede filosófica [positivismo] com a Instituição, pois a mesma no Brasil se apresentava muito mais contraditória do que se pode imaginar, daí a imensa dificuldade de se determinar, com segurança, a influência das correntes de pensamento na Maçonaria no século XIX.

Igualmente temerário seria dizer que estes três filósofos aqui discutidos representaram os "fundadores" da Maçonaria. Trata-se, sim, de uma importante influência filosófica ao lado de outras tantas.

Para perceber esta questão central é necessário transitar com desenvoltura pelas diversas disciplinas do conhecimento. Este seria, no nosso entendimento, o desafio atual da história do pensamento maçônico do século XIX, ou seja, admitir que o historiador da Maçonaria não tem outra solução senão propor questionamentos, permitindo que ela seja compreendida como um diálogo constante.

Sua grandeza ultrapassa os limites do certo e do errado e cabe ao historiador perceber as diferenças. Os Maçons brasileiros das diversas matizes ideológicas tinham mais em comum, por serem Maçons, do que diferenças políticas. Isto significa resgatar a Metafísica na Filosofia e a Memória na História da Instituição na busca da sua memória. Foi esta a nossa proposta neste pequeno ensaio. Meus respeitos a estes mestres do passado. Leiam com cuidado as suas máximas e apliquem a moral sugerida sem ferir os "juízos de valores" da moderna Maçonaria.

BIBLIOGRAFIA

1. ANDERSON, James. ***As Constituições dos Franco-Maçons de 1723***. Tradução de João Nery Guimarães. São Paulo: A Fraternidade, 1982.
2. ASLAN, Nicola. ***Pequenas Biografias de Grandes Maçons Brasileiros***. Rio de Janeiro: Aurora, 1973.
3. BOLETIM do Grande Oriente do Brasil. Rio de Janeiro: março de 1872.
4. CASTELLANI, José. ***Os Maçons que fizeram a história do Brasil***. São Paulo: A Gazeta Maçônica, 2ª ed., s/d.
5. CHALHOUB, Sidney. ***Visões da Liberdade. Uma história das últimas décadas da escravidão na corte***. São Paulo: Companhia das Letras, 1990.
6. CONDORCET, Marie Jean Antoine Nicolas Caricat. ***A Escravidão dos Negros (Reflexões)***. Rio de Janeiro: Typ. de Serafim José Alves, 1881.
7. COSTA, Frederico Guilherme. ***Maçonaria na Universidade***. Londrina: "A TROLHA", 1994.

8. _____. ***A Maçonaria e a Emancipação do Escravo***. Londrina: "A TROLHA", 1999.
9. _____. ***Breves Ensaios Sobre a História da Maçonaria no Brasil***. Londrina: "A TROLHA", 1993.
10. CORBISIER, Roland. ***Enciclopédia Filosófica,*** 2ª ed.. Rio de Janeiro: Civilização Brasileira, 1987.
11. HEGEL, Georg Wilhelm Friedrich. ***Lecciones sobre la Filosofía de la Historia Universal***. Buenos Aires: Revista Do Occidente, 1946.
12. HELLERN, Victor, NOTAKER, Henry, GAARDER, Jostein. ***O Livro das Religiões***. São Paulo: Cia. das Letras, 2000.
13. LIMA, Oliveira. ***O Império Brasileiro (1822-1889)***. Brasília: Universidade de Brasília, 1986.
14. LOCKE, John. ***Carta Sobre a Tolerância***. Lisboa: Edições 70, 1987.
15. MARQUES, Oliveira. ***Dicionário de Maçonaria Portuguesa,*** 2 vv.. Lisboa: Editorial Delta, 1986.
16. MORA, José Ferrater. ***Diccionario de Filosofía,*** v. 4. Madrid: Alianza Editorial, 1984.
17. STATHERN, Paul. ***Locke em 90 minutos***. Rio de Janeiro: Jorge Zahar Editor, 1997.

Maçonaria e Revolução

Gosto muito de associar a noção de revolução ao movimento cíclico dos astros[114], quando trato da sua conotação política moderna. Entendo que para existir uma revolução, a ordem anterior precisa ser transformada. Assim, apesar da Revolução Inglesa de 1688 ter representado o fim de uma era de turbulências, é na Revolução Francesa de 1789 que teremos uma verdadeira ruptura, convulsiva, insurrecional, que subverteu a antiga ordem e construiu uma nova, radicalmente diferente. A partir de 1789 o conceito revolucionário deixa de ser "cíclico" para se tornar permanente.

As elites conservadoras sempre associaram a revolução com a desordem, justamente pela inevitável mudança que ela traria na ordem estabelecida pela elite dominante. Seria precipitado, entretanto, nominar os teóricos da revolução como paradigmas destas elites, extremamente contrárias a qualquer mudança. A liberdade, que Hannah Arendt[115] aponta prioritariamente onde não houve

[114] Foi com este entendimento que Copérnico escreveu em 1543 ***Sobre a revolução das órbitas celestes.*** Estou me valendo de um conceito antigo que permeou o pensamento humano da Grécia até o Renascimento, determinando a revolução como um movimento cíclico, como a "revolução" ou rotação dos planetas.

[115] Cif. Hannah Arendt, ***Da Revolução,*** São Paulo: Ática, 1988.

revolução, ou seja, é aquela alcançada nas mudanças sem se recorrer à violência, conforme entendimento de Tocqueville[116].

Existem muitas maneiras de conceituar a revolução. Quando mudam somente as instituições governamentais são classificadas como políticas. Caso haja desdobramentos que venham a transformar a distribuição de riqueza e o "status" de uma sociedade, são freqüentemente chamadas de "revoluções sociais". Por fim, quando o movimento fracassa, temos as "revoluções frustradas"[117].

Há quem entenda que a revolução representa um "processo". Trata-se do entendimento marxista assumido por Tom Bottomore[118] que desconsidera o evento. Para ele há um período inicial em que se avolumam as críticas ao estado e em que os adversários do governo se esforçam por obter o máximo de apoio. Segue-se então um período de confronto entre o governo e seus adversários; isso pode acarretar uma prolongada guerra de guerrilhas ou redundar em uma súbita explosão de tumultos populares[119]. Contra esse entendimento insurge-se François Furet que procurou desmistificar a herança revolucionária de 1789, apropriada, segundo ele, por comunistas e socialistas[120].

Que fique absolutamente claro que para que exista uma revolução é fundamental que ela venha acompanhada de mudanças estruturais importantes. O exemplo maior deve ser visto na Revolução Francesa de 1789 que mudou não apenas uma antiga ordem, mas o mundo. Ao seu lado temos a Revolução Americana que conseguiu "transformar" sem vivenciar os desdobramentos sanguinários do período jacobino francês. Sem essas mudanças extraordinárias, qualquer movimento não passaria de uma "quartelada", como no caso da proclamação da república brasileira, em 1889, para ficarmos apenas nesse exemplo.

A atuação da Maçonaria no século XIX representou um importante papel "revolucionário" quando lutou por uma sociedade

---

116 Cif. Alexis De Tocqueville, ***O Antigo Regime e a Revolução,*** São Paulo: Hucitec, 1989.

117 Dicionário do Pensamento Social do século XX, Rio de Janeiro: Jorge Zahar Editor, 1992, p. 664.

118 Conforme constatamos no Dicionário do Pensamento Social do século XX, op. cit., idem, idibem.

119 Idem, ibidem.

120 Cif. Dicionário do Pensamento da Direita, Rio de Janeiro: Mauad, 2000, p. 399.

mais secularizada, livre dos dogmas intransigentes e do absolutismo, tanto monárquico quanto espiritual. Defendeu abertamente o estado laico e o livre pensamento. Por todas essas transformações foi chamada de mãe das revoluções por total ignorância dos conceitos acima. Queriam imputar-lhe o codinome de escola de revoluções, quando ela estava "revolucionando" o social, que não tem nada a ver com a "revolução política".

Visto que aquelas denominações revolucionárias não mais surtiam efeitos na consciência social de um estado em evidente transformação, de escola de revolucionários passou, a partir dos anos 1930, a ser associada a seita satânica, constituindo-se numa antiigreja, ou vista como centro do complô internacional judaico[121]. Mas esta já é uma outra história...

---

[121] Idem, p. 294.

Os Protocolos dos Sábios do Sião. Origens e Desdobramentos

Antes de tratar das origens desta fraude elaborada pela polícia czarista, que pretendeu mostrar uma suposta conspiração judaica objetivando a conquista do mundo, devo tratar de um importante conceito que remonta ao início do século XIX e era muito apreciado pelos homens do Iluminismo: a ideologia.

Nascida para ser a mãe das idéias, a ideologia buscava a síntese dos conhecimentos obtidos a partir das experiências racionais humanas conforme a teoria do conhecimento adotada por John Locke.

Vista como um sentimento utópico, logo foi duramente criticada, inclusive por Napoleão Bonaparte ao declarar os ideólogos ***políticos ignorantes***[122]. Na verdade, a ideologia deve ser vista

[122] No Dicionário Crítico do Pensamento da Direita, Rio de Janeiro: Mauad, 2000, p. 249, temos o grupo de "ideólogos" constituído em torno de Destutt de Tracy que dispôs-se a " orientar" Napoleão Bonaparte e foi asperamente repelido e criticado pelo imperador. Napoleão ridicularizou as pretensões dos "ideólogos", afirmou que eles não entendiam nada de política e se tornou, assim, o primeiro a usar o termo ideologia com um sentido negativo. Karl Marx retomou a palavra na acepção crítica que lhe conferira Napoleão e desenvolveu toda uma teoria a respeito.

dentro de uma dimensão crítica e autocrítica na construção do conhecimento e no seu tenso confronto com a ação[123]. Veremos de que maneira ela está presente nas origens dos Protocolos.

A ideologia permite que grupos ou movimentos possam pôr em ação algum plano político ou cultural. Não foi outra a intenção dos idealizadores da grande farsa conhecida como Os Protocolos dos Sábios do Sião. Baseado numa sátira escrita por Maurice Joly contra Napoleão III, intitulada ***Diálogos no Inferno entre Maquiavel e Montesquieu,*** o documento produzido no final do século XIX, apresenta os planos de conquista do mundo pelos judeus.

No texto original – ***os Diálogos –,*** nenhuma referência é feita aos judeus, sendo Napoleão III tratado como um farsante sem escrúpulos, disposto a usurpar a herança do tio e conquistar o mundo[124]. O trabalho feito pelos assessores do Czar consistiu, simplesmente, em substituir as referências a Napoleão III pelos Sábios do Sião.

Após a Revolução russa o texto se espalhou pela Europa tornando-se um dos mais importantes veículos de propaganda anti-semita. Composto de 24 capítulos tidos como transcrições de discursos e minutas dos congressos da organização, abordavam temas em torno de instituições e sistemas políticos e econômicos que contribuiriam para a dominação judaica no mundo. No texto existem, também, referências ao papel do socialismo, da Maçonaria, das finanças internacionais, da imprensa e de outros importantes mecanismos de uma manobra internacional judaica, temas que são tratados como peças de uma grande conspiração em marcha[125].

No Brasil, o texto foi traduzido, em 1933, pelo integralista Gustavo Barroso servindo de estímulo para uma política contra os judeus adotada pelo Estado Novo. Parece decepcionante, mas ainda persiste a falsa convicção, em muitos anti-semitas, de que os Protocolos são autênticos.

A Maçonaria, citada nos textos do Protocolo, seria um instrumento útil utilizado pelos judeus para alcançar os seus objetivos. Entretanto, sendo a Ordem um Centro de União e o meio de

123 Idem.
124 Idem, p. 379.
125 Idem, pp. 379/380.

firmar uma amizade sincera entre pessoas que teriam ficado perpetuamente distanciadas[126], não cabe a sua inserção naquela fraude. Provavelmente a sua desenvoltura na crítica contundente ao ódio aos judeus e seus desdobramentos até o anti-semitismo, num primeiro momento e, modernamente, a condenação a qualquer conquista selvagem em nome do imperialismo e da ditadura nazi-fascista, tenham contribuído para a sua identificação com uma suposta sociedade secreta judaica.

Apropriando-se dos protocolos, a Alemanha nazista, que dava muito mais importância ao movimento internacional do que o Estado, limitado como estava a um território determinado, teorizava que os judeus representavam uma classe dominante, imperialista e mundialmente infiltrada nos governos constituídos.

Hitler foi buscar exemplos na história para lutar e vencer aqueles que detinham o poder, posto que já Tocqueville[127] explicava que os motivos de violento ódio das massas francesas contra a aristocracia no início da revolução se dá no momento em que os nobres perderam o poder, porque essa rápida perda do poder não foi acompanhada por qualquer redução de suas fortunas. Bastava associar os judeus àquela aristocracia francesa.

Ao perderem seus privilégios, e entre eles o de explorar e oprimir, o povo descobriu que eles eram parasitas, sem qualquer função efetiva na condução do país. Em outras palavras, nem a opressão nem a exploração em si chegaram a constituir a causa do ressentimento; mas a riqueza sem função específica era muito mais intolerante, porque ninguém podia compreender e conseqüentemente aceitar, porque ela deveria ser tolerada. De maneira muito parecida o apogeu do anti-semitismo se dá quando os judeus são destituídos dos cargos públicos, restando-lhes, exclusivamente, a riqueza.

Esta criação abstrata de um suposto poder mundial secreto que ergue e derruba governos, tem suas raízes sócio-econômicas em dois aspectos à época em referência: o banqueiro e a família.

O banqueiro Rothschild nunca aliou-se a um Estado em

---

[126] Constituição de Anderson – I, Concernente a Deus e a Religião, São Paulo: Editora A Fraternidade, 1982, p. 50.

[127] L'Ancien Régime et la Revolution, livro II, Cap. 1, citado por Hanna Arendt, ***Origens do Totalitarismo,*** São Paulo: Cia. das Letras, 1989, p. 24.

particular, e sim às monarquias – pois desconfiava da República – desde que representassem uma autoridade em si. Logo, quando qualquer classe entrava em conflito com o poder dominante, deparava-se com o judeu, identificando-o de pronto com esse governo. Não conseguia, portanto, distinguir o banqueiro do servil aliado. O fato de os trabalhadores, muito mais interessados no ideário marxista, não demonstrarem interesse na propaganda anti-semita, favoreceu a versão de um contubérnio judeo-maçônico-comunista. A Maçonaria aí está colocada pelo seu alcance secreto-esotérico, na versão dos Protocolos.

O segundo aspecto, largamente utilizado pela propaganda anti-semita como "prova" (sic) de um governo secreto no mundo, é a unidade familiar judaica. A união do povo judeu, apesar de todos os conflitos e separações continentais, se constitui em um excelente pressuposto de que nenhum grupamento humano, não secreto, seria capaz de tal fraternidade.

Assim, nas relações íntimas com o Estado, os judeus eram identificados com o Poder Público, e em função do seu isolamento social, concentrando-se no fechado círculo familiar, eram acusados de tramarem a destruição da sociedade e de suas estruturas.

Finalmente, uma reflexão em defesa intransigente da dignidade humana. Os Protocalos dos Sábios do Sião devem ser vistos como a ponta de um gigantesco programa de extermínio de uma parte da raça humana. Nem os negros foram tão horrivelmente massacrados, apesar da brutalidade da escravidão. Por tudo o que aqui foi demonstrado fica patente a necessidade dos judeus se defenderem. Não me cabe determinar como, mas estimular em todos a memória do holocausto de um povo, seja ele quem for. Neste estudo tratamos dos judeus. Entretanto, eles não foram os únicos e não serão os últimos, enquanto persistir a loucura das etnias e o esquecimento do valor humano. O holocausto não foi um fim em si mesmo, mas a conseqüência trágica de um ódio doentio cuja causa estaria em primeiríssimo lugar nos sinistros Protocolos dos Sábios do Sião.

Ultramontanismo

Muita tinta já foi utilizada para explicar a chamada "Questão Religiosa", sério conflito entre o governo do Segundo Império do Brasil e o episcopado. A Maçonaria, pivô da divergência, através do padre Almeida Martins, Grande Orador Interino do Grande Oriente do Brasil, em festiva comemoração na sede deste Grande Oriente no dia 2 de março de 1872, proferiu importante discurso em homenagem à promulgação da lei do Ventre Livre e ao Visconde do Rio Branco, chefe do Gabinete e Grão-Mestre do Grande Oriente do Brasil[128].

Ao tomar conhecimento deste discurso, o bispo do Rio de Janeiro, D. Pedro de Lacerda exigiu que o padre Maçom abandonasse a Maçonaria. Almeida Martins resolveu não obedecer ao bispo, o que acarretou a sua suspensão. Os Maçons reagiram, invocando a Constituição do Império, ao argumento de que as bulas condenatórias contra a Maçonaria não haviam recebido o necessário ***placet*** do governo.

Estava criada, portanto, uma questão de direito. Ato seguinte

[128] Em função da importância deste documento estou inserindo o mesmo em anexo único.

tivemos os episódios de D. Vital, bispo de Olinda que defendia o entendimento de que um católico não podia ser Maçom, pois a Igreja Católica havia excomungado os Maçons. Seguiu-se o apoio integral de D. Antônio de Macedo, no Pará.

Finalmente, após inúmeras tentativas do governo contra as atitudes dos bispos que insubordinaram-se contra as leis brasileiras, não coube ao Conselho de Estado outra atitude senão a de condenar os prelados.

Muito resumidamente estes são os fatos históricos ocorridos naquela chamada "Questão Religiosa". Não se pode negar que boa parte dos Maçons daquela época nutria sentimentos anticlericais. Importa, sim, descobrir se este sentimento contrário à Igreja Católica Apostólica Romana era total, parcial ou contra a um segmento específico daquela Igreja.

No meu entendimento o sentimento era uma reação contra a tendência do Catolicismo do século XIX de estabelecer a supremacia do papa, tanto no Estado quanto na Igreja. Essa exigência que obrigava os católicos a ver no chefe da Igreja o principal líder e mediador entre o mundo físico e o espiritual recebeu o nome de Ultramontanismo.

Ultramontanismo foi um termo usado desde o século XI para descrever cristãos que buscavam a liderança de Roma (do outro lado da montanha), ou que defendiam o ponto de vista dos papas, ou davam apoio à política dos mesmos[129].

Esta doutrina, já no século XIX, exigia total submissão dos leigos e religiosos. Tal como era de se esperar esta disposição gerou uma série de conflitos dentro da Instituição entre a ala mais conservadora defensora de um processo centralizador em torno do papa e o Galicismo, e outros "ismos" (jansenismo, socialismo, liberalismo, etc.).

A Maçonaria, há muito condenada por Roma, defendia um laicismo, uma separação entre a Igreja e o Estado. Contra essas intenções os papas Gregório XVI e Pio IX construíram o espírito ultramontano que encontrou grande acolhida entre leigos e religiosos que viam na autoridade do Pontífice a única forma de combater

---

[129] David Gueiros Vieira, ***O Protestantismo, A Maçonaria e A Questão Religiosa no Brasil,*** Brasília: Editora Universidade de Brasília, p. 32.

os desvios que vinham ocorrendo, inclusive em segmentos da própria Igreja. Portanto, o ultramontanismo surgiu para atender aos interesses dos segmentos mais conservadores de Roma.

Mesmo alguns importantes Maçons católicos, como Joseph de Maistre[130], defenderam o poder e a liderança do papa para o restabelecimento na França da ordem centrada entre o Trono e o Altar, abalada durante a Revolução Francesa. Segundo Alec Mellor[131], De Maistre deve ser visto como um ilustre teórico do ultramontanismo.

O ultramontanismo disseminou-se por toda a Europa católica e também para a América Latina. Não se sabe exatamente a data em que entrou no Brasil. Segundo David Gueiros Vieira, o ultramontanismo não encontrou no começo do século XIX um clima muito favorável no Brasil. O ultramontanismo foi algo que cresceu vagarosamente no Brasil e, em geral, através de influência estrangeira. Às vezes, idéias ultramontanas eram trazidas por clérigos importados da Europa, outras vezes eram trazidas para cá por clérigos brasileiros educados no continente europeu[132].

Os interditos de D. Vital, os lamentáveis episódios desenrolados no Recife, são fatos conseqüentes do ultramontanismo de um lado e do anticlericalismo do outro. De todo modo manda o bom senso caracterizar o conflito dentro do seu enfoque verdadeiro: uma questão de direito. Para D. Pedro II, a Maçonaria no Brasil nem era política nem anti-religiosa. O Imperador manteve-se firme pelo direito do ***placet*** que lhe fora concedido pela Constituição.

Em nome do Ultramontanismo tivemos uma crescente centralização em torno do papa, a eliminação de qualquer contestação à sua autoridade. Uma via absolutista que veio a culminar com a proclamação do dogma da infalibilidade do papa por ocasião do Concílio Vaticano, em 1870.

---

130 Segundo Alec Mellor, ***Dicionário da Franco-Maçonaria e dos Franco-Maçons,*** São Paulo: Martins Fontes, 1989, p. 312, De Maistre pertenceu, entre 1774 e 1778, à Loja ***"Os Três Morteiros"*** de Chambéry (Savóia), fundada em 1749 e ligada à Grande Loja da Inglaterra.

131 Idem.

132 David Gueiros Vieira, op., cit., p. 33.

ANEXO ÚNICO

DISCURSO DO PADRE ALMEIDA MARTINS (MARÇO DE 1872)

Não competia ao obscuro orador a subida honra de saudar neste momento aquele altar, que traduz as mais nobres idéias e os mais generosos sentimentos. Esta missão, cuja magnitude é superior à singeleza de minha palavra, pertencia antes aos inteligentes operários, que com a mágica eloqüência do seu verbo inspirado têm sabido erguer ao mais alto grau de luz as grandes idéias da civilização e os generosos princípios da justiça.

Fale, porém, a humildade diante da opulência do talento.

Erga o discípulo a voz na grande, na esplêndida assembléia dos mestres: e que a benevolência de tantos e de tão ilustrados cavalheiros proteja o obscuro orador.

E esta benevolência me é necessária, porque soleníssimo é o momento.

Eu tenciono ler a mais gloriosa das páginas que nos fastos da humanidade se tem escrito no século XIX.

Ao coração e à inteligência nos é grata esta página; porque ele, pertencendo à generosidade, ao talento e ao civismo do ilustre Gr∴ M∴ da Maçon∴ Brasil∴, transmite à posteridade o nome deste benemérito cidadão, proclama a glória da nossa sublime Ord∴ e recomenda as bênçãos e os aplausos do mundo o império do Cruzeiro!

Apóstolos da civilização, aos Maçons cumpre render homenagens à grandeza que deve sua existência à moralidade e ao mérito e não à lisonja da pena ou da palavra ou do gênio prostituído.

Filhos desta democracia que se regenera pelo estudo e pelo trabalho, pela moralidade e pela confraternização, nós desprezamos os louros conquistados nas lutas de sangue que flagelam a humanidade.

Nós desconhecemos esta glória efêmera, que desaparece com os últimos aplausos das multidões em delírio.

Nós, finalmente, não admitimos legitimidade nesse poder com os déspotas, quer sentados nos tronos, quer nas cadeiras republicanas e quer mesmo ajoelhados diante dos altares da religião, se proclamam senhores da terra.

É que amigos da humanidade e querendo dela construir uma só família, os Maçons se reconhecem a glória que não morre, o poder que não oprime e a religião que pelo amor nos dá a posse de Deus.

E firmes e crentes nestes princípios, os Maçons têm atravessado os séculos e erguido, como anjos tutelares do progresso e da civilização, as colunas dos seus Templos em todas as partes do mundo.

A verdadeira glória não se encontra em Júlio Cezar, ao sol que iluminou a esplêndida batalha de Pharsalia, e muito menos na soberba cadeira do ditador; o legítimo poder não se encontra diante do herói de ontem, tendo uma grande nação à mercê de sua espada e erguendo-se altivo sobre um trono de despojos e de armas de seus inimigos; a fraternidade não se encontra também nessas teorias subversivas que o sinistro clarão dos incêndios insultam e envergonham a liberdade, expondo-a na praça pública sem fé; e Deus não pode finalmente ser encontrado nos altares que reputam a liberdade uma profanação, a razão uma heresia e o amor um crime.

Que! O mundo que lá fora se agita nos diz que tudo isto e neste poder há glória.

Que importa?

Júlio Cezar foi grande no meio dos seus exércitos, e entretanto no dia de hoje nenhuma só lágrima abençoa sua memória.

E quanto aos demais?

Esses, uns caíram amaldiçoados por todos quantos têm alma para penar e coração para sentir; os outros hão de ficar sepultados nas urinas de seu próprio poder, que se firma sobre ossadas de mortos, argamassadas com lágrimas dos órfãos, das viúvas e das populações inermes.

É que eles são estátuas de grandeza aparente e não resistem à mais simples análise da razão e do bom senso; é que eles procuram a glória nos louros manchados de sangue e tisnados pela ambição; é que eles, finalmente, converteram em galas para si próprios o luto, o sofrimento e a miséria dos vencidos!

Só Deus é grande, ilustrada assembléia, e depois de Deus só é grande a virtude.

Salve pois aqueles que, empunhando em suas Off∴ o Malhete da sabedoria, moralizam o povo com a virtude do trabalho, inspiram-lhe com a palavra e com o exemplo o amor da dignidade e da honra, unido-o em abraço fraternal e dirigindo-lhe a inteligência na contemplação do elo, derramam as ondas de luz em honra de Deus e dos altos princípios da humanidade.

Honra àqueles que conquistam a imortalidade pela virtude, porque só as obras em que a virtude põe a mão, disse um grande orador, são imortais; por elas passa a morte desarmada, o tempo lhes inclina reverentemente a fronte encanecida pelo gelo dos séculos, e a posteridade as recebe como herança que lhe pertence, porque a posteridade só aceita o que escapa à lima do tempo e o que resiste aos golpes da morte.

Salve, finalmente aqueles que sabem vingar os direitos da natureza, apagando da fronte do homem o ferrete ignominioso e sacrílego da escravidão e fazendo brilhar nessa fronte a luz três vezes santa da liberdade.

Segue-se daqui que, verdadeiro e realmente grande é o nobre Visconde do Rio Branco, que com sua palavra inspirada, com o seu vigoroso talento, com a generosidade de seu coração e com a coragem heróica de seu patriotismo escreveu na bandeira da pátria, nos estandartes maçônicos e no livro da civilização americana a palavra – LIBERDADE.

Era tempo, VVen∴ II∴, que a Maç∴ neste país abraçasse grandes idéias não só em relação ao futuro do império como também à grande causa da humanidade. É incontestavelmente uma missão generosa o dar esmolas aos pobres; mas é nobre e glorioso resgatar os direitos da natureza e tornar uma realidade a religião de Cristo, soberano e divino mestre que no templo do Calvário, templo universal, oficina misteriosa de um coração imenso, proclamou a liberdade e pregou a igualdade segundo as leis da aptidão e da justiça.

A liberdade, mostrando e fazendo sentir ao homem a grandeza de seus direitos e a gravidade de seus deveres, produz a moralidade e a virtude que são os mais sólidos fundamentos das sociedades bem constituídas. Nos países em que a escravidão é uma realidade, a caridade e a fraternidade constituem uma mentira, e o progresso e a civilização são palavras sem expressão, sem valor e sem sentido.

Sejamos francos; estamos entre irmãos.

Debalde o Brasil se esforçava para se alistar e ocupar um lugar honroso entre as nações mais civilizadas, em vão ele apresentava ao mundo o seu sistema de governo como altamente liberal, o gênio de seus filhos, a fertilidade de seu solo e a riqueza de seu comércio para tomar entre os povos a posição a que tinham direito os seus elevados destinos; inutilmente enfim se ostentava o Brasil, sábio no remanso da paz e herói e invencível nos campos da guerra. A escravidão aí estava como tristíssima herança do passado, desmentindo a sabedoria dos seus códigos, a magnanimidade de seus filhos, o progresso de sua civilização e escurecendo-lhe os horizontes do futuro.

O Brasil era considerado bárbaro perante a consciência moral do gênero humano, porque homens que nasciam neste país eram propriedade viva, eram entes animados, máquinas em lugar de agentes, escravos em vez de cidadãos.

É que o sol do Ipiranga não iluminava a fronte dos infelizes que regavam com suor e as lágrimas de todos os dias as florestas virgens da América.

Mercê de Deus, a luz foi feita!

A um Maç.·. competia impor silêncio às paixões, demonstrando com a sua palavra inspirada tudo quanto há de grande, de sagrado e de civilizador nesse magnetismo sublime, nesse mágico poder que enleia as almas, nesse ósculo de fraternidade com que o mestre traduz ao romper da luz a santidade das doutrinas maçônicas.

Salve pois, três vezes salve o ilustre Visconde do Rio Branco, benemérito da pátria e da humanidade; glória ao grande cidadão que à frente de uma plêiade brilhante de generosos brasileiros, que conosco se assentam nos bancos da fraternidade, soube mostrar ao mundo que o império do Cruzeiro respeita o seu glorioso passado, trabalha em prol do honrado presente e que tem fé e crenças no seu lisonjeiro futuro.

Esta solenidade com que homens livres saúdam a grandeza e a fidalguia que devem sua existência ao mérito e à virtude; esta solenidade que constitui um hino em honra da civilização e da liberdade; esta solenidade finalmente, em que todos os sentimentos generosos se agrupam para render homenagem a um homem, fala mais alto que a eloqüência humana em prol do grande cidadão que acaba de gravar o seu nome nos pórticos da imortalidade.

O obscuro Orad∴ não fez um discurso; quis ler apenas uma página que no memorável 28 de setembro de 1871 foi escrita na história da civilização. E a página está lida, e ela constitui o elogio do grande homem que hoje recebe os aplausos do Grande Oriente do Brasil, que em nome de Deus, da razão e da natureza o proclama benemérito da pátria e da humanidade.

Viva o ilustre Visconde do Rio Branco!

∴

Fonte: Boletim do Grande Oriente do Brasil. Pp. 114/115. Março de 1872.

A Fraternidade Maçônica

Raimundo Rodrigues, Maçom filósofo, Irmão de grande sensibilidade, não fosse sua longa e profícua experiência de vida, brinda o público maçônico no último número do IOD – ***Ano VI, São Paulo (SP), Julho/Agosto de 1999, Nº 47*** – com o tema **LIBERDADE**.

Inicia o seu arrazoado, socraticamente, perguntando "qual o sentido da palavra ***livre***" à assertiva de que ao ingressar na Maçonaria o Candidato deve ser livre e de bons costumes.

A liberdade, segundo Raimundo Rodrigues, seria a independência do ser humano frente aos vícios em geral. Metodologicamente a categoria aqui mostrada está representada na expressão maçônica de **levantar templos à virtude e cavar masmorras aos vícios**. No convívio maçônico os vícios a serem enterrados não são os maiores, pois esses foram deixados na Câmara de Reflexão.

Não existe, segundo o meu ilustre Irmão, limite que impeça uma pessoa de praticar tudo aquilo que não seja proibido por lei, de poder fazer ou deixar de fazer alguma coisa: este o verdadeiro significado do vocábulo liberdade.

Em seguida, temos a poesia de Raimundo falando da

sonoridade e do significado maior da liberdade decantada em prosa e verso, apesar de vilipendiada em todos os tempos e por toda a parte.

A alma do autor sussurra no artigo o sonho dos Maçons, refletido no ***eu interior*** de cada Obreiro da Arte Real. Diz Raimundo: ***"Quando nos livramos da interferência, muitas vezes maldosas, do nosso próprio Ego, sentimo-nos mais bem preparados para a convivência com nossos Irmãos, pois nos tornamos mais tolerantes, jogando fora de nós o egoísmo, o orgulho, a inveja, a vaidade, a cupidez e muitos outros males de igual jaez. Quando atingimos este ponto, vemos com muito mais facilidade onde começam os direitos de nossos semelhantes e onde terminam os nossos".***

Exatamente neste ponto, lanço um desafio ao filósofo. Não estaria a sua bela Alma, neste momento, nesta advertência, exaltando a Fraternidade Maçônica? Ao citar Zenão, adaptando a sua máxima do ***"Conserva sempre tua mente em estado de pureza e não te deixes dominar por nenhuma paixão",*** não estaria determinando não só a conduta a ser seguida pelo Maçom, mas, igualmente, mostrando o caminho da Fraternidade Maçônica?

Fraternidade, palavra polissêmica, de muitos significados. Ao contrário da Liberdade, legitimada por Kant nas suas 9 proposições ou por Hegel, que nos ensinou ser ela a consciência do possível, a Fraternidade transcende o ser e se identifica naquilo que Raimundo chamou de ***Eu Interior***.

Léon Zeldis publicou pela Editora Kompás, Madrid, 1999, uma coletânea de trabalhos intitulada ***Entre la Escuadra y el Compás.*** Um dos artigos divulgados cuida da Fraternidade como um imperativo moral. Assegura que o significado etimológico é que os membros da fraternidade devem ter um para com outro os mesmos sentimentos de afeto que caracterizam os Irmãos dentro de uma família bem integrada, unida pelo sangue e educação, ideais comuns, exemplo dos pais e vida em parceria durante os anos formativos da personalidade. Não basta, Raimundo! Quero mais e você é competente para isto.

A palavra, é verdade, tornou-se sinônimo da própria Maçonaria. Um ***sentimento*** construtor de uma sociedade, de uma organização. Ora, uma virtude, uma ausência de vícios como muito bem def[illegible] Raimundo a liberdade maçônica.

Ao lado da liberdade, a fraternidade me parece a característica fundamental da Ordem e do próprio mundo, dentro de uma concepção democrática e igualitária. Com ela podemos desenvolver as virtudes defendidas em determinado Grau Maçônico. Ela é motor propulsor dos avanços da mente e da alma. Sem ela não existe Maçonaria; com ela somos chamados de Irmãos.

Entretanto, o que é Fraternidade, Raimundo? Eu não sei, eu apenas sinto... Mas isto não basta. Eu quero mais do que sentir, eu quero saber. Este o grande desafio, meu ilustre confrade. A liberdade pode ser o direito de ter e a igualdade o de ser, mas a fraternidade é muito mais, porque não está limitada àquelas categorias. Nada do que li me satisfez a respeito da Fraternidade. Se por um lado a Maçonaria adota a divisa Liberdade, Igualdade e Fraternidade, por outro, Franco, inimigo público da Maçonaria, assina a sua declaração de Guerra ao povo livre de Espanha, na proclamação de 18 de julho de 1936 em Santa Cruz de Tenerife, com o dístico Fraternidade, Liberdade e Igualdade (Cif. Ferrer Benimeli, El contubernio judeo-masónico-comunista, p. 302, Madrid: Istmo, 1982). Seria o ditador fraterno por causa disto?

Estes são os questionamentos. Desafio o filósofo porque sei da sua Alma Pura. Acuo o poeta porque sei que a sua Alma não é pequena. Pergunto ao Mestre porque quero o conhecimento. Sei que vou ser brindado porque Raimundo Rodrigues **sabe o que é Fraternidade...**

Nandin de Carvalho e a Cisão na Grande Loja Regular de Portugal

Em dezembro de 1996 Nandin de Carvalho teria sido destituído do cargo de Grão-Mestre da Grande Loja Regular de Portugal e expulso da organização, por ter afirmado que o dirigente timorense José Ramos-Horta, Prêmio Nobel da Paz, era Maçom. Nandin, entretanto, considera nulo o veredicto e assume-se ainda como chefe supremo da obediência.

O boletim maçônico português ***A Arte Real,*** nº 2 – Julho-Agosto de 1997, publicou parte da entrevista concedida por Nandin ao periódico ***Expresso*** que passo a transcrever:

EXPRESSO – Denunciou ou não Ramos-Horta?

Luís Nandin de Carvalho – Não. Toda a gente sabe que Ramos-Horta faz parte da Maçonaria universal. O ataque que me fizeram foi um pretexto.

E – Para chegar a quê?

LN – Para levar a opinião pública e alguns Maçons a pensarem que eu não estava a seguir a tradição, o que é falso.

E – Está disposto a pôr fim ao secretismo?

LN – A divulgação de nomes veio na seqüência de uma orientação do meu antecessor, Fernando Teixeira[133], que autorizou a identificação dos dignitários estrangeiros que nos visitavam. A Maçonaria regular tem que dar a cara em termos de sociedade civil. Nós temos número de contribuinte, direção eleita e escritura feita, e portanto há já uma entreabertura. A Maçonaria não deve ser encoberta, oculta a toda a gente, mas entreaberta.
E – Quer isso dizer...
LN – Que a Maçonaria deve estar em diálogo com a sociedade naquilo que pode ser aberto e fechada naquilo que deve ser fechado. Fernando Pessoa foi lapidar quando lembrou que **"o Conselho de Ministros é secreto e não é secreto".** As conclusões são públicas, mas a assistência é secreta para quem não é ministro.
E – Falou de um pretexto...
LN – Sem dúvida. Para se apoderarem da Grande Loja e prosseguirem atividades antimaçônicas sob o pretexto do secretismo. Só nos países corruptos é que o secretismo tem uma grande valia. O secretismo é inimigo da opinião pública, da democracia e do Estado. (...)
E – Ainda faz algum sentido existirem organizações secretas?
LN – A Maçonaria não é secreta no sentido do secretismo; é uma organização espiritual (sic), simbólica, esotérica (sic), que tem segredos, e por ser espiritual (sic) tem cada vez mais razão de ser. Já passou o tempo em que os movimentos maçônicos viviam apenas do secretismo. E por vezes com maus resultados. Veja-se o caso da P2, na Itália.
E – O secretismo é uma fórmula que permite intervir melhor na sociedade?
LN – O secretismo é uma fórmula ilegítima, ilegal, muitas vezes com contornos criminais, para interferir na sociedade.
E – A Grande Loja Regular de Portugal não intervém?
LN – Não, a Maçonaria regular, seja portuguesa ou estrangeira, nunca intervém na sociedade. Quem intervém são os Maçons, que de acordo com os nossos códigos se devem conhecer a si próprios,

[133] Fernando Teixeira faleceu em finais de maio de 1997. Foi o Primeiro Grão-Mestre e fundador da Grande Loja Regular de Portugal. Na vida profana era médico. Pertenceu ao Grande Oriente Lusitano de onde veio a sair para formar a Grande Loja.

aperfeiçoar e contribuir para que o seu Irmão se torne espiritualmente mais elevado.
E – Está a dizer-me que não há tentativas de intervenção política?
LN – Estou a dizer-lhe que a Maçonaria regular nunca escreverá uma carta ao primeiro-ministro a dizer que há poucos ministros Maçons; nunca intervirá na religião, tomando partido por uma Igreja contra outra; e nunca condenará ou apoiará atitudes do Governo no plano social, aplaudindo por exemplo o Rendimento Mínimo ou criticando os atrasos na resolução do problema da habitação.
E – Quer convencer-me de que a Maçonaria é politicamente independente?
LN – A Maçonaria é não-política. Tem pessoas sem opção partidária e outras que são deputados do PS ou do PSD ou até ministros. E tem elementos de todas as nacionalidades lusófonas, incluindo personalidades que desempenharam cargos da mais elevada responsabilidade em todos os países lusófonos. Mas a sociedade não tem nada a temer se compreender que ela não é uma organização secreta e muito menos anti-social. Esse risco deriva do excesso de secretismo (...)
E – É falsa a idéia de que a Maçonaria e a Igreja estão em conflito?
LN – Em termos contemporâneos, é falsa, embora no passado fosse verdadeira. O historiador Oliveira Marques explica isso à saciedade, e eu próprio, num próximo livro, a publicar em setembro[134], toco nesse assunto. O bispo de Olinda, no século passado, chegou a escrever que a Maçonaria iria "enforcar o último rei nos intestinos do último padre". Mas isso são águas passadas.
E – Nem todas as Obediências Maçônicas pensam assim...
LN – Admito que a palavra "Maçonaria", enquanto adjetivo, possa qualificar outras organizações que seguem parte da tradição maçônica. Mas não sei se elas têm problemas com a Igreja. Nós não temos.
E – Os Maçons que se assumem como ateus não são verdadeiros Maçons?
LN – É possível que haja quem interprete a Maçonaria como devendo

[134] Trata-se do livro ***Maçonaria Entreaberta***, abordando o tema da cisão na Grande Loja Regular de Portugal. Veja o capítulo "A Crise da Casa do Sino", transcrito no final deste artigo.

ser agnóstica ou atéia; e há quem admita que possa ser politizada, interpretando ao transe a Declaração Universal dos Direitos do Homem. A minha interpretação é a de que quem se arroga de uma filosofia de ateísmo ou de agnosticismo não é Maçom regular[135].

E – O poder crescente da Igreja não é uma preocupação?

LN – Não. Tenho excelentes amigos na Igreja, em ordens eclesiásticas como os jesuítas ou os franciscanos e até dentro do Opus Dei[136]. Não me perturba nada o diálogo ecumênico e espiritual (...)

Navegando pela Internet, verifiquei que na página da Grande Loja Regular de Portugal consta, estamos nos referindo ao novembro de 1999, o nome de Nandin de Carvalho como Grão-Mestre. Conclusão óbvia: o mesmo não foi expulso, conforme noticiado acima....

Buscando esclarecer todo este episódio me dirigi ao secretário do Grão-Mestre e procurei adquirir o livro ***A Maçonaria Entreaberta***[137] que no seu capítulo "A Crise da Casa do Sino" procura esclarecer a história de uma crise.

Ao secretário enviei a seguinte mensagem:

> *Estimado Irm∴*
>
> *Sou membro regular e ativo da Loja de Pesquisa "Quatuor Coronati" do Brasil, subordinada ao Grande Oriente do Brasil e membro correspondente da de Londres.*
>
> *Igualmente sou escritor Maçom, com 20 livros publicados, a maioria pela Editora Maçônica "A TROLHA", Londrina, Paraná.*
>
> *Tenho em mãos um exemplar da revista A Arte Real, Nº 2 – Julho-Agosto/1997 que reproduz uma entrevista dada pelo Grão-Mestre Nandin de Carvalho ao EXPRESSO* ***"por ocasião da sua expulsão da organização"*** *em dezembro de 1996.*
>
> *Como pesquisador fiquei intrigado porquanto o*

---

135 Evidentemente fica clara a antipatia do entrevistado pela Maçonaria dita progressista.

136 A Opus Dei representa o que há de mais conservador na Igreja Católica Apostólica Romana.

137 Luís Nandin de Carvalho, ***A Maçonaria Entreaberta***, Lisboa: Hugin, 1997.

soberano Grão-Mestre continua, segundo o contido na página da Internet, no cargo.

Inclusive já encomendei o livro Maçonaria Entreaberta para maiores esclarecimentos.

Sendo, igualmente, articulista em diversos órgãos de informação maçônica muito apreciaria um esclarecimento a respeito para que eu não falte com a verdade dos fatos quando escrever sobre o assunto.

Com o nosso T∴ e F∴ A∴, no aguardo das "luzes", subscrevo a presente,

Do secretário recebi, no dia 12 de novembro a seguinte resposta:

A Arte Real é uma publicação autônoma...

O GM Nandin de Carvalho não foi expulso... mas sim objeto de um golpe palaciano, que não surtiu efeito para ocupação de umas instalações administrativas da GL... que por esse motivo mudou o nome de GLRP para GLLP/GLRP...

O GM mantém-se no crescimento da Ordem e estará em São Paulo por ocasião da IV Conferência Mundial da GL e GM de 12 a 14 de NOVEMBRO... onde poderá ser contatado pessoalmente pelo Irmão...

Aliás a GL de Portugal é a única reconhecida universalmente, e pelo GOB e pelas Grandes Lojas dos Estados com protocolos com o GOB, como é o caso da GLESP, GLERIO Grande do SUL, Minas, Brasília, Goiânia, etc.... ver os sites www.glrp.org e www.freemasonry.org e também a mensagem nº 5114... salvo erro no grupo da internauta UFG de discussão maçônica animado pelo Irmão Cione e outros aí no Brasil...

Bem haja por questionar e se não for suficiente a resposta teremos muito gosto em ser mais detalhados... mas o capítulo a crise da casa do sino... no livro Maçonaria entreaberta explica tudo que não se explana agora...

No mesmo dia recebi um e-mail muito gentil da Hugin Editores, tratando do mesmo assunto:

Estimado Irmão Frederico Costa,

Foi com muito prazer que recebemos o teu e-mail e

> *pedido de esclarecimento sobre um assunto que se passou há 3 três anos.*
>
> *Antes de mais, apresento-me: Júlio Prata Sequeira, 34 anos, MM da RL Brasília, nº 11 a Oriente de Lisboa (REAA). Na vida profana sou editor (Hugin Editores) e coordeno uma coleção sobre Maçonaria – 5 títulos já editados – onde consta o livro que menciona, do MRGM Luís Nandin de Carvalho, "A Maçonaria Entreaberta".*
>
> *Uma vez que já encomendou o livro onde são descritos os fatos, não vou entrar em pormenores.*
>
> *O MRGM Luís Nandin de Carvalho foi eleito e, posteriormente, instalado perante várias dezenas de representantes de Potências Maçônicas estrangeiras. O fato de existirem IIrm∴ que não gostam dele, no plano pessoal, não lhes permite desrespeitar o cargo e a instituição, assaltando a sede da GLRP "manu militari" e movendo uma campanha nos órgãos de comunicação social onde é posto em causa todo o trabalho da Obediência.*
>
> *Na época, cerca de 80% dos IIrm∴ ficaram solidários com o MRGM Luís Nandin de Carvalho, que manteve praticamente todos os reconhecimentos internacionais, inclusive da UGLE.*
>
> *Hoje, a nossa Obediência progride e é respeitada pela sociedade portuguesa. Alguns IIrm∴ contestatórios já voltaram ao nosso seio, depois da aventura em que se viram envolvidos.*
>
> *Por outro lado, o grupo revoltoso que estava intimamente ligado à Universidade Moderna, segundo a imprensa, está a ser investigado pela Polícia Judiciária devido a factos passíveis de crime.*
>
> *Se quiser continuar a trocar opiniões sobre este caso, continuo à sua disposição.*

Tudo indica tratar-se de mais um "affaire" maçônico. São fatos historicamente compreensíveis na História da Instituição. Existe na Maçonaria uma longa duração de crises e conflitos dentro das suas colunas. Este não passa de mais um. No entanto, cabe ao historiador atento levantar o véu e apresentar o resultado da sua pesquisa. Foi com este propósito que abordei o fato histórico.

Resta reproduzir o capítulo mencionado na nota (2) para encerramos o assunto.

O capítulo em referência foi adaptado da comunicação à Grande Loja de 21 de Dezembro de 1996, que teve lugar num hotel em Lisboa. Participaram na reunião do Soberano Colégio de Oficiais, e na Grande Loja que se seguiu, cerca de 150 Maçons. Segundo informa o editor, o texto que se segue sofreu adaptações à sua divulgação.

> *Dirijo-vos a palavra, de pé, do trono de Salomão, em sinal de respeito pelo Grande Arquiteto do Universo, e por esta assembléia de Maçons regulares. Vós sois a razão da minha função, vós sois os legitimadores da minha ação, é para vós e por vós que me mantenho inflexível no desempenho do meu e juramento para cumprir o mandato e os* ***Landmarks*** *da Maçonaria Universal.*
>
> *Quais Landmarks?*
>
> *Os da Tradição, que se acha vertida na nossa Constituição e nos* ***Landmarks*** *reproduzidos em maior ou menor coincidência, pelas demais Constituições das diversas Obediências mundiais, respeitando é certo, as respectivas idiossincrasias, de tal modo que não se pode dizer que exista uma listagem exaustiva e única de* ***Landmarks,*** *mas antes um paradigma comum, baseado em antigos usos e costumes, e que incluem:*
>
> *1) A crença no Grande Arquiteto do Universo,*
>
> *2) O ideal de Paz, Harmonia, Fraternidade, Tolerância e Solidariedade,*
>
> *3) A prática do Ritual sob o simbolismo do livro da Lei sagrada, do Esquadro e do Compasso,*
>
> *4) A solenidade dos juramentos feitos de acordo com a Tradição Maçônica,*
>
> *5) A congregação de homens iniciados e respeitadores da Pátria e suas leis,*
>
> *6) Os objetivos de aperfeiçoamento individual, e dos seus Irmãos,*
>
> *7) A lealdade ao Grão-Mestre, como expoente de soberania da Grande Loja.*
>
> *Assim, sendo, compreende-se bem a surpresa e a*

legítima revolta com que no país e no estrangeiro, não só os Maçons regulares, bem como todos os homens de boa vontade reagiram aos brutais acontecimentos da madrugada de 6 para 7 de dezembro de 1996: – a ocupação por forças profanas de segurança privada das instalações da GLRP de Cascais; a subversão da legalidade e justiças maçônicas; a alteração da própria legalidade estatutária e democráticas; a auto-designação de um pretenso "governo" da Grande Loja, um pseudo-julgamento, por uma assembléia "ad-hoc", do Grão-Mestre, que, sem ter conhecimento das acusações, é sumariamente sentenciado sem ter sido ouvido, tudo executado premeditadamente, em cerca de 48h, num fim de semana, do mês de Natal.

Tudo depois de o Grão-Mestre, depois de eleito, ter sido instalado há apenas dois meses, e perante a maior assembléia de sempre da Maçonaria Universal alguma vez reunida em Portugal – cerca de 40 delegações estrangeiras, e de 30 Grão-Mestres!

Tudo depois de o Grão-Mestre eleito sem contestação, ter desempenhado durante mais de cinco anos as funções de Vice-Grão-Mestre, para o qual inicialmente tinha sido designado, e depois eleito para este cargo, democraticamente, por esmagadora maioria de votos expressos.

Nunca, desde os tempos lendários em que três companheiros ambiciosos atacaram e mataram Hiram, o Príncipe dos Arquitetos, se fez tanto mal em tão pouco tempo contra a Maçonaria Regular. Nunca se deixou verter para a opinião pública tão graves violações do código e regulamentos maçônicos, nunca alguma vez se desrespeitaram tão violentamente a ordem democrática e a legalidade de um Estado de Direito, nunca algum precedente tão grave se registrou de quebra de juramentos de lealdade ao Grão-Mestre, nunca alguma vez foi assim ofendida uma Grande Loja, os seus regulamentos postergados, os seus órgãos usurpados. Nunca atos tão vis e imorais viram a Luz do dia, no seio da Maçonaria Regular e Universal.

Como Grão-Mestre, tenho de pedir desculpas aos Aprendizes e aos Companheiros por esta situação inesperada. Não mereceram na sua Iniciação, e no seu aumento de salário, exemplos totalmente diferentes daqueles a que assistiram?

Não acreditaram nos firmes propósitos que ouviram de Mestres? Não colheram eles lições diversas dos regulamentos e catecismos? Felizmente que sim, e por isso, chegado o momento a que também pela sua serenidade ganharem jus, de aumento de salário e de elevação para Mestres, logo verão, pela lenda de Hiram, como a hedionda traição dos seus companheiros não é desprovida de sentido, como também hoje, percebem todos o simbolismo de se dizer, em alguns Ritos, que o inimigo mais terrível se esconde, por vezes, atrás de nós.

Tudo quanto aconteceu verificou-se da parte de quem menos se esperava: de um Irmão fundador da Grande Loja, e seu primeiro Grão-Mestre, de um outro Irmão que desempenhou funções como Grande Secretário, de uns outros que foram Pró-Grão-Mestre, enfim de outros Irmãos que como aqueles se auto-excluíram deste tratamento, se afastaram de nós, e que caíram no Reino das Trevas, segundo o espírito da nossa Tradição iniciática.

É cedo para uma análise completa dos antecedentes e dos motivos materiais que determinaram tão grave atentado à Maçonaria Regular. É porém evidente que foram interesses profanos, inconfessados, de desejo de poder material, de mando discricionário, que partiram ao assalto da fortaleza espiritual que é a Grande Loja. Dela se aproximaram, como os traidores de Hiram, prevalecendo-se do conhecimento dos locais e da relação com as pessoas, e infiltraram os seus acólitos baseados em contratos privados com entidades profanas. Assim garantiram obediências espúrias de falta de caráter maçônico, que subverteram a lealdade à nossa Ordem, reforçadas até por relações familiares que, como os metais, deveriam ter ficado à porta do Templo.

Na verdade, já é claro que tal atentado teve ***três fases*** *ou momentos distintos, de intensidade crescente, como se um sucessivo plano paramilitarizado tivesse sido* *previamente estabelecido por uma central de contra-informação, a relembrar experiências de assalto contra associações pacíficas, por forças que a História conhece como totalitárias.*

Teve prenúncio numa reunião, a 9 de outubro, com o Venerável da Loja General "Gomes Freire de Andrade", J. B. Gonçalves, o então Grande Secretário, F. Gomes, e o então Pró-Grão-Mestre, J.M. Moreira, em que a propósito das novas instalações de Cascais, na Casa do Sino, foi dito que se o Grão-Mestre não as aceitasse, elas seriam obtidas para a Respeitável Loja "Gomes Freire de Andrade", e para o corpo maçônico de Altos Graus do Arco Real, tendo ainda como seu responsável o ex-Grão-Mestre – numa evidente antevisão de Maçonaria paralela.

Mais tarde, num almoço, num restaurante do Monte Estoril (em 15 de outubro, escassas duas semanas após a instalação do actual Grão-Mestre), a pedido e com a presença do anterior Grão-Mestre e do Pró-Grão-Mestre J.M. Moreira, refeição acertada para planificar a natural, prevista e anunciada transmissão de poderes do Arco Real, e demais dossiers, mas que correu sob o signo do pedido pelo ex-Grão-Mestre, de "prestação de contas" sobre alegados rumores de desvios às linhas anteriormente traçadas a nível internacional, resistência do Grão-Mestre à transferência para as novas instalações da Casa do Sino, em Cascais (o custo da renda não seria problema...), etc.

Esta situação, de contornos evidenciando um comportamento doentiamente estranho, como se o ex-Grão-Mestre pretendesse continuar a desempenhar funções de gestão e orientação da Grande Loja, sobrepondo-se ao Grão-Mestre eleito e em funções, determinou uma carta institucional deste para o então Grande Secretário, para divulgação junto de todas as Lojas com a desmontagem dos rumores referidos, para se alertar a Obediência contra algo de estranho que se passava.

Assim, em 28 de outubro, segunda-feira, apenas um mês após a sua instalação, o Grão-Mestre vê-se forçado a escrever ao então Grande Secretário esclarecendo e desmontando 10 situações que sob a forma de boatos e rumores já tinham sido postos a circular por aqueles que só vieram a revelar-se à luz do dia, nos acontecimentos que se relatam.

Preparada desde pelo menos quinta-feira, 21 de novembro, em que J.B. Gonçalves interpela o Grão-Mestre reclamando ameaçadoramente dever ser nomeado Vice-Grão-Mestre..., e ensaiada na reunião do Arco Real, ao sul do Tejo no sábado 23, em que o mesmo aparece intimidatoriamente acompanhado de guarda-costa, e de um filho do ex-Grão-Mestre; é desenvolvida no terreno, no início da manhã de segunda-feira, 25 de novembro, com a circulação de um abaixo-assinado, promovido com epicentro em J.B. Gonçalves, M.V. de Matos, e J.J. Zoio. Desnecessário se torna referir que o abaixo-assinado contém juízos de valor de forma soez e falsa, e pretendia que o Grão-Mestre renunciasse ao cargo que vinha desempenhando, e que era considerado como não respeitando os mínimos exigíveis para a função...

Também em 21 de novembro, quinta-feira, na RL Gomes Freire de Andrade, o então Venerável Mestre, o mesmo J.B. Gonçalves, em Sessão de Loja, informa os Obreiros que existe conflito grave entre o ex-Grão-Mestre e o atual, e que estaria incondicionalmente ao lado do ex-titular. De imediato, o então Mestre X, apresenta uma moção de solidariedade no sentido das palavras do Venerável Mestre, logo secundado pelo apoio de Y, outro Mestre da Loja.

Em 22 de novembro, sexta-feira, o Grão-Mestre solicita a X informação sobre o ocorrido, visto este ser interveniente direto, e segundo a ficha de adesão à GLRP, ter subscrito a declaração "de se submeter às decisões do Grão-Mestre em exercício". Todavia, de imediato X apresenta queixa ao seu Venerável Mestre, que de seguida, a altas horas da noite, telefona para casa do Grão-Mestre, e, numa linguagem indescritível, tece várias ameaças sobre a sua situação contratual como Professor Universitário, sobre a sua vida privada, enfim sobre a sua carreira profissional e maçônica. Claramente declara que é pessoa sem escrúpulos, que nada o fará recuar nas suas ameaças, que para ele o juramento de lealdade ao Grão-Mestre não tem qualquer valor. Gaba-se ainda de estar a fazer o telefonema ao lado de familiares do ex-Grão-Mestre, induzindo ter o apoio deste.

Em 23 de novembro, sábado, o Grão-Mestre tem um jantar privado na Ericeira com o ex-Pró-Grão-Mestre J. Medeiros, com as respectivas famílias. Este manifesta-se "preocupado" com o ascendente de J.B. Gonçalves sobre o ex-Grão-Mestre, e com a doença e idade deste, manifestando inequivocamente a sua opinião que o atual Grão-Mestre deveria clarificar a sua posição e a situação, recorrendo a todo o poder de que se acha legitimamente investido.

Em 25 de novembro, segunda-feira, um Venerável Mestre de uma das Lojas, surpreendido, alerta logo de manhã o Grão-Mestre para que corre contra si um abaixo-assinado que pretende obter a sua "destituição". O texto, entretanto conhecido, é promovido por J.B. Gonçalves, M. Matos J. J. Zoio, como se disse, e dois familiares de Fernando Teixeira, entre outros. Os pedidos de assinatura são mencionados como sendo solicitados pelo próprio ex-Grão-Mestre. Aliás, foram comprovadamente feitos telefonemas a pedir assinaturas do abaixo-assinado, de casa daquele. O Grão-Mestre, perante a gravidade destes indícios, e frustradas tentativas de anteriores contatos telefônicos, contata J.M. Moreira, para se falar ao ex-Grão-Mestre para se esclarecerem esses boatos, mas recebe, atônito, em resposta, o esclarecimento de que aquele não lhe atenderá o telefone.

O texto deste documento conspirativo e sedicioso, considera que o Grão-Mestre atua "em flagrante contradição com os níveis mínimos de comportamento exigíveis a um Grão-Mestre", e considera, sem especificar, que "certos fatos aliados a vários outros e a algumas intervenções públicas desastrosas e desprestigiantes configuram uma situação que impõe a destituição do atual Grão-Mestre por comportamento pouco honroso, pouco digno e altamente lesivo dos interesses e do bom nome da GLRP". Consumava-se assim a ameaça telefônica verbalizada na sexta-feira, e os rumores a cuja expansão se tinha antecipada e profilaticamente respondido a 28 de outubro.

Verifica-se durante a segunda-feira, dia 25, uma extraordinária movimentação de repúdio dos Irmãos sobre esta iniciativa, causando natural perplexidade o envolvimento do nome do ex-Grão-Mestre, que alguns Maçons, por excesso de boa fé, admitiam ainda estar a ser abusivamente utilizado. As assinaturas, todavia, a partir do núcleo de familiares do ex-Grão-Mestre, e de colaboradores ou dependentes de salários relacionados com as actividades profissionais, incluindo universitárias, ou seja, da autoridade profana do principal promotor do abaixo-assinado, atingem cerca de uma trintena de nomes.

Esta fase, culminou com um jantar tardio de 26 de novembro, em Lisboa, por iniciativa de J.M. Moreira e J. Medeiros, que, intitulando-se "mediadores", apresentaram uma mensagem – afinal um ***ultimatum*** *– do ex-Grão-Mestre, de demissão do atual Grão-Mestre, o que teria como contrapartida "generosa" o afastamento de Fernando Teixeira do cargo de Sumo Sacerdote do Arco Real, e a conservação pelo autor do seu lugar de professor numa Universidade privada, ou em caso de recusa, verificar-se-ia uma cisão irreversível na Grande Loja. Em caso da demissão pretendida pelos "medianeiros", o Pró-Grão-Mestre J. Medeiros assumiria as funções e organizaria eleições antecipadas para Grão-Mestre, às quais, evidentemente, o Grão-Mestre atual... não poderia concorrer! J.B. Gonçalves mantinha-se na GLRP, arquivando-se o processo disciplinar que contra ele corria. Se assim não fosse, se o Grão-Mestre não se afastasse, haveria uma cisão. Perante a gravidade deste* ***ultimatum*** *inegociável, o Grão-Mestre anuncia que vai refletir.*

Diga-se que nunca antes, nem depois, se verificou qualquer tentativa de esclarecimento de eventuais mal entendidos, negociação ou propostas de entendimento, necessidade a recurso a instâncias maçônicas como seria o Soberano Colégio de Oficiais, ou mesmo à Grande Loja, aliás já convocada para reunir a 21 de dezembro, Solstício de Inverno, conforme a Tradição. Pelo contrário, ficou claro que o texto do abaixo-assinado fora urdido pelo ex-Grão-Mestre e por um grupo de seus incondicionais, e familiares, que efetivamente atuava a seu mando e à revelia das instituições, princípios e regulamentos maçônicos, com o único objetivo de se apoderarem da organização maçônica, para a sua total e secreta instrumentalização...

Em 29 de novembro, sexta-feira, a Capital publica um extenso artigo em que refere ter sido gorado um abaixo-assinado contra o Grão-Mestre. Refere a sua ação, em especial a entrevista na TVI ao Padre Rego, correspondência com o Presidente dos EUA, envolvimento em ações humanitárias e de solidariedade social, e interroga-se como tal ação pode ser passível de apreciação negativa por parte dos Maçons.

Publica o jornal ainda, duas fotografias do Grão-Mestre: uma com o ex-Grão-Mestre e o ex-Pró-Grão-Mestre, em tudo idêntica às imagens que a TVI fora autorizada a filmar por Fernando Teixeira, como Grão-Mestre na altura, durante a Grande Loja de 28 de setembro no Estoril Sol, e outra, cedida por um fotógrafo estrangeiro, e enviada para publicação para vários órgãos de comunicação social maçônicos e não maçônicos, em que se apresenta o Grão-Mestre ladeado por dois estrangeiros, não identificados, solenemente paramentados com decorações maçônicas, mas, sem se especificar em que local e em que circunstâncias, onde obviamente não se revela nenhum segredo maçônico – uma das muitas acusações formuladas contra o Grão-Mestre, e cuja legenda é, aliás, inócua, não sendo perceptível se se tratava ou não, de um ato maçônico em Sessão ritual.

Em 30 de novembro, sábado, como previamente agendado, tem lugar na GLRP em Cascais uma reunião do Grão-Mestre com Veneráveis Mestres das várias Lojas de Norte a Sul, aliás já convocada havia algum tempo, em que toda a situação antecedente é analisada. O documento do abaixo-assinado é lido, e as suas acusações são refutadas, não tendo havido nenhuma reação contrária às posições defendidas pelo Grão-Mestre. Nem os membros presentes conhecidos e identificados publicamente, como tendo subscrito o abaixo-assinado, apresentaram a sua retratação ou fizeram qualquer comentário, em especial A ou B. Na ocasião é lida uma carta do ex-Grão-Mestre dirigida ao Venerável da Loja "Europa", alegando doença, e mágoa por o seu nome ter sido associado ao seu desejo de retomar o poder da GLRP, e anunciando o seu adormecimento, ou afastamento. Ato contínuo, para surpresa dos presentes, J.M. Moreira (que entretanto já fora reconfirmado Pró-Grão-Mestre), anuncia que, em virtude deste "novo" fato, "assumia" o cargo de responsável pelo Arco Real, e, conseqüentemente, por incompatibilidade, abandonava o cargo de Pró-Grão-Mestre...

Na mesma data, num jantar do Rito Escocês Retificado, em Sintra, o Grão-Mestre vê-lhe manifestada a mais ampla solidariedade pelos Maçons presentes em face dos acontecimentos descritos.

Ficou frustrada a intimidação e o cerco, em face da inabalável postura do Grão-Mestre, de se manter fiel aos Juramentos Maçônicos, Tradições e Regulamentos.

Durante a semana seguinte realiza-se em São João do Estoril uma reunião de Grão-Mestrado para conselho prévio ao Grão-Mestre, na recomposição do Soberano Colégio de Oficiais, e para a elaboração de vários inquéritos disciplinares, tendo em vista a aplicação da justiça maçônica a quem tão gravemente tinha violado os deveres maçônicos de lealdade para com o Grão-Mestre.

Inesperadamente, e nesse período de tempo, o ex-Grão-Mestre telefona a alguns Maçons, entre eles o Grão-Prior do Grande Priorado Independente da Lusitânia, anunciando o propósito de ocupar as instalações de Cascais à força, se necessário for. Registram-se também telefonemas de outras pessoas com

várias ameaças soezes a outros Maçons também. Todavia o despropósito, e o tom exaltado destes telefonemas foram levados à conta de desabafos e de nervosismo, mas não reveladores de uma real intenção de levar tais ameaças à prática.

Em 5 de dezembro, quinta-feira, reúne em Cascais a Loja "Gomes Freire de Andrade", com um Venerável designado interinamente, por suspensão do anterior, à qual assistiram vários visitantes. À mesma hora, no restaurante de um hotel do Monte Estoril, o Venerável suspenso, J.B. Gonçalves, reúne em jantar provocativo vários membros da Loja de que tinha sido suspenso, na presença de J.J. Zoio, e ao ser visitado por uma delegação de Irmãos da sua Loja, evidencia estarem em preparação planos de subversão e contestação agressivos. Por esse mesmo motivo são pedidas, e por escrito, rondas à PSP de Cascais junto das instalações de Cascais.

Nesta seqüência, assume-se a crise e tomam-se as medidas adequadas: recomposição de alguns órgãos maçônicos, instauração de processos disciplinares, alerta escrito, por fax, em 5 de dezembro, à PSP de Cascais, para a eventualidade de se confirmarem rumores de um possível assalto às instalações.

Em face da falta de apoio encontrada entre os Maçons, seguiu-se pela parte dos conspiradores, o efetivo recurso à força de segurança privada na ocupação das instalações de Cascais da GLRP, na madrugada de sábado dia 7 de dezembro, do rasgar da Constituição e regulamentos, da remoção de dossiers e da pseudo-destituição do Grão-Mestre.

Assim, na noite de 6 de dezembro, sexta-feira, estando reunida em Cascais a Loja "V Império", cujos trabalhos se prolongaram até de madrugada, bate à porta J.J. Zoio pelas 3h, que se surpreende por ainda estarem presentes vários Irmãos, e, após trocas de palavras, retira-se. Sabe-se posteriormente que ria havido nessa noite um jantar em casa do ex-Grão-Mestre, onde tinha ficado decidida a operação paramilitar da ocupação das instalações, e atos subseqüentes de traição maçônica, liderada por aquele no termo.

Entretanto, a visita do Grão-Mestre, agendada para sábado, dia 7, a uma Loja no distrito de Castelo Branco, é cancelada por causa de um nevão. Cerca de 100 Maçons e seus familiares estavam num jantar de Natal em Tomar, e outros Irmãos tinham partido para Londres para participar na Sessão da Loja "Oldest Ally", enquanto outros estavam em Paris para assistirem à Sessão da Grande Loja Nacional Francesa, em representação da Grande Loja Regular de Portugal. O ambiente de dispersão tinha sido considerado favorável para o golpe de mão...

Em 7 de dezembro, sábado, pelas 12h, tem-se conhecimento que as instalações de Cascais se acham ostensivamente guardadas por uma força de segurança privada uniformizada com boinas e aspecto paramilitarizado. O Grão-Mestre, alertado para o efeito, tenta sem sucesso esclarecer a situação com o então Grande Secretário F. Gomes, e nessa impossibilidade desloca-se pessoalmente ao local; é-lhe impedida a entrada, e questionando pelo responsável, aparece-lhe X, que se achava já suspenso, e objeto de inquérito disciplinar. Tal fato bastou para confirmar que todos os antecedentes tinham de fato sido encadeados como preparatórios de um golpe de mão, antidemocrático e antimaçônico. Restava ao Grão-Mestre alertar o maior número de Irmãos para o fato, e para quem entendia, e mal, que os fins justificam os meios.

Porém o Grão-Mestre tinha-se colocado sob a proteção do Grande Arquiteto do Universo. Nada o movia senão o valor dos seus Juramentos, nada o apoiava senão a convicção do seu percurso interior iniciático, per-

corrido não apenas nas Lojas azuis, como no Arco real, como nos Altos Graus do Rito Escocês Retificado, sob a abóbada de aço, como também na sua Iniciação ao Grau 33, tendo bem presente o significado da Cerimônia do anel, só conhecido dos seus Pares deste Segredo.

Entretanto, a posição dos ocupantes da Casa do Sino, subscrita pela "troika" Fernando Teixeira, J. Medeiros e J.M. Moreira, chega aos meios de comunicação, alertando entretanto a TVI e a Capital. No noticiário da TVI passam imagens e comentários negativos à ocupação, ao autodenominado "governo" constituído pela "Junta", que se reclama da autoridade maçônica suprema na GLRP, e que declara a destituição do Grão-Mestre por "insanidade maçônica", em comunicado que chegou à comunicação social, através da Agência Lusa.

O Grão-Mestre, solicitado insistentemente pela comunicação social, recusa-se a prestar declarações para além de manifestar a sua surpresa e a considerar a ação descrita como antidemocrática e antimaçônica, numa breve declaração telefônica à TVI, recusando-se a ser filmado para evitar a polêmica, e a exploração mediática que inevitavelmente se iria seguir de forma descontrolada.

Em 8 de dezembro, domingo, a Capital descreve longamente a situação com recolha de vários depoimentos, e transcrição de excertos do referido comunicado, seguindo-se toda a semana diversas reportagens da comunicação social, sendo de notar pela sua simpatia com o movimento antimaçônico o Diário de Notícias (que cita fantasiosos e inexistentes apoios estrangeiros aos assaltantes) e a Revista Valor, que transmite imaginativas conjecturas de alianças maçônicas de regulares, irregulares e mulheres Maçons...

Em 9 de dezembro, segunda-feira, o Grão-Mestre recebe uma nota datada de 7 de dezembro, proveniente da Casa do Sino, de um auto-intitulado Grande Secretário (X, suspenso, e com processo disciplinar em curso), a informar que tinha sido suspenso, e que o processo de inquérito às suas atividades se achava a cargo do "novo" Porta-Gládio (M.V. Matos, ex-empregado e advogado de Fernando Teixeira, suspenso e também com processo disciplinar em curso).

Todavia, nessa data reúne-se uma assembléia "ad hoc" sob convocação ilegal, de composição desconhecida, com cerca de 32 presenças, que ratifica uma nota de acusação, e pseudo-destituição do Grão-Mestre, sem seu conhecimento, e obviamente sem sua audição. Este recebe entretanto e por escrito, uma carta do ex-Grão-Mestre, em resposta a uma sua última diligência para obter a reposição da legalidade e devolução das instalações, em que aquele declara que a segurança privada é de sua responsabilidade, que as instalações estão em seu nome, sendo o seu único arrendatário, e que a GLRP está lá instalada por seu consentimento. Pese embora os cheques das últimas rendas pagas serem da GLRP, graças às quotizações de todos os Irmãos, o ex-Grão-Mestre assumia-se proprietário a título pessoal dos bens da Grande Loja, que se encontravam no interior da Casa do Sino, seu único titular e decisor onipotente...

Mas o Grão-Mestre não estava sozinho. Tinha consigo a Obediência de que todos fazemos parte, e assim, logo desde o primeiro minuto do atentado à Maçonaria Regular, os Irmãos fiéis e regulares uniram-se numa cadeia de união espontânea de Norte a Sul do país. Reforçaram essa cadeia e permitiram que as palavras redentoras ganhassem dimensão – a regeneração da Maçonaria Regular em Portugal, enfim, a preservação legal da Maçonaria.

No curtíssimo espaço de uma semana, apesar da surpresa e da ocupação da secretaria, destruído o acesso a ficheiros e a contatos, a perda de todas as contas bancárias (tinham assinaturas acreditadas no banco o ex-Grão-Mestre, o seu sogro, então Grande Secretário, e o seu cunhado...), o processo de autodefesa da Obediência, e de salvaguarda da regularidade desenvolveu-se num ápice: logo no domingo, dia 8 reuniram-se Mestres e Veneráveis com o Grão-Mestre, nas instalações da Associação sem fins lucrativos Albert Pike, em Lisboa; criou-se um secretariado de apoio.

Poucos dias depois, estavam parcialmente reconstituídos ficheiros, um mailing foi posto no correio[138]*, confirmou-se a convocatória para a Grande Loja de dia 21 de dezembro (apenas com a alteração do local inicialmente previsto e reservado, um hotel de Cascais), informaram-se as Lojas, contataram-se telefonicamente e por escrito as Obediências estrangeiras mais significativas, e com as quais havia relações habituais, começaram a receber-se os primeiros apoios internacionais. Perante a estupefação generalizada, esclareceram-se jornalistas não comprometidos, informaram-se as autoridades democráticas do Estado, enfim elaborou-se um boletim informativo, "O Aprendiz", e lançaram-se as bases jurídicas do prosseguimento das atividades das Lojas, e da Grande Loja.*

O atentado produziu um inesperado efeito de "boomerang".

Primeiro, pôs em causa antes de mais, a regularidade da Grande Loja, e o seu reconhecimento internacional, pelo uso à força de profanos, pela violação do segredo maçônico com a identificação pela segurança privada de quem se dirigia às instalações de Cascais, pelo desrespeito da Constituição e regulamentos, pela desobediência à justiça maçônica em curso, pelo desrespeito ao Grão-Mestre eleito e em funções, enfim pela marginalização do Soberano Co-

---

[138] Este mailing foi objeto de uma abjeta acusação de ter por base a venda de ficheiros de Maçons à Unicre, entidade gestora do cartão Unibanco. Na realidade, nunca alguma vez as fichas ou os endereços dos Maçons que pretendem manter reservada a sua condição de Maçons (direito aliás constitucionalmente consagrado no âmbito do princípio da intimidade da vida privada) foram divulgados. Apenas se verificou que ao abrigo de um protocolo perfeitamente legítimo, entre uma Associação de solidariedade social e a Unicre, se utilizaram envelopes daquela instituição, etiquetadas em local e por elementos sob controle da Obediência, e que capearam diversa informação quer sobre o cartão Unibanco, quer sobre a associação e outras entidades que com ela mantinham um protocolo de colaboração. Vejam-se as atoardas publicadas no Independente de 27 de dezembro, imediatamente contrariadas e desmentidas no Expresso de 28 de dezembro de 1996, e objeto de esclarecimento publicado nas "cartas ao diretor" da edição seguinte do "Independente".

légio de Oficiais, das Respeitáveis Lojas e dos Veneráveis Mestres eleitos ("Shocking!" foi a reação do Grande Secretário da United Grand Lodge of England e "They don't read the Constitution" foi a exclamação dos americanos da Califórnia e de Washington).

Entretanto, centenas de Irmãos receberam um "mailing", **com remetente** *da "Casa do Sino" na ocasião amplamente mediatizada com essa designação pela comunicação social – designadamente com imagens do portão da entrada, na TVI. Muitos segredos da condição maçônica de tantos Irmãos foram, então sim, revelados pelo país.*

Em segundo lugar, o atentado antimaçônico, levado pelos próprios autores ao conhecimento público por um comunicado, em que se anunciava a "destituição do Grão-Mestre Luís Nandin de Carvalho por insanidade maçônica", provocou uma natural estupefação generalizada pela comunicação social não condicionada, e atraída por tão insólitos acontecimentos[139]*.*

Simultaneamente verificaram-se manifestações de simpatia e solidariedade de profanos, homens de boa vontade, que espontaneamente se dirigiram à nova secretaria e ao Grão-Mestre, evidenciando a sua solidariedade e até o interesse pela Maçonaria, se esta viesse a regenerar-se, como lhes parecia estar a acontecer. De fato, aumentou o número de peticionários desejosos de ingressarem na Maçonaria, que sentiram em perigo.

Em terceiro lugar, o assalto à Casa do Sino desencadeou um natural movimento de fraterna mobilização de norte a sul do país, e também de Bruxelas, da Guiné e de Maputo, entre os Maçons portugueses, e

[139] Entretanto, os jornais já noticiaram que existe uma participação-crime de difamação, em investigação pela polícia judiciária, contra os autores do referido comunicado mandado difundir pelos seus autores pelos órgãos de comunicação social, no intuito evidente de atentarem contra o bom nome e imagem do visado. A expressão insanidade maçônica não tem qualquer conteúdo ritual ou maçônico, e por isso é tão ofensiva quanto a expressão insanidade jornalística se reportada a um jornalista, insanidade militar se aplica a um militar ou insanidade judicial se referida a um juiz.

envolvendo todos os corpos maçônicos, e os Altos Graus. Irmãos que mal se conheciam estreitaram relações, aprendizes recém-chegados colaboraram lado a lado com Companheiros e Mestres. Os ideais de harmonia, de Paz, de tolerância, de fraternidade, e de solidariedade na crença do Grande Arquiteto do Universo conheceram um forte impulso.

A reconstrução do Templo ficou assegurada. A continuidade da Obra ganhou a garantia de que sobreviverá ao seu fundador, e às maiores vicissitudes.

Resta concluir estas páginas negras de relato da ação contra a Maçonaria Regular em Portugal.

Entende esta Grande Loja que caberá ao Grão-Mestre defender-se perante a opinião pública e perante os seus Irmãos, das acusações e das desinformações de que tem sido alvo?

Não. O Grão-Mestre não pode ser permissivamente tolerante perante fatos intoleráveis que ofendem a Obediência, e que a coloca em grave situação de irregularidade pela violação da Constituição, regulamentos e "Landmarks". Mas o que está em causa não é defender-se pública e pessoalmente, mas sim dar uma resposta institucional, aos que dentro e fora da Grande Loja acompanham com preocupação esta situação.

O Grão-Mestre, investido dos poderes que legitimamente lhe assistem, não tem que se defender de quem se auto-excluiu da Maçonaria Regular, antes deve ***acusar e denunciar***[140]*.*

Denuncia e acusa, aqueles que insinuam que o Grão-Mestre pretendeu transferir o Arco Real do sistema americano de altos Graus para o sistema inglês de Graus de perfeição. Em Despacho Normativo clarificou-se uma si-

140 A decisão de publicar este texto, inicialmente apenas elaborado para conhecimento interno da Obediência, justifica-se que agora se faça perante um público mais vasto, que embora inclua os tradicionais detratores da Maçonaria, não deixará de com a possível transparência, neste momento, fornecer aos que legitimamente se interessam pela Maçonaria a visão correta dos acontecimentos, que, espera-se não mais se repetirão, e que são essenciais para se ajuizar que o verificado se ficou a dever, a quem não pode ser efetivamente considerado Maçom... nem por palavras, nem por pensamentos, nem por obras...

tuação de confusão criada pelo próprio ex-Grão-Mestre, quando anunciou que haveria inerência de funções entre Sumo Sacerdote do Arco Real, e Grão-Mestre da Grande Loja, e ainda quando, perante várias testemunhas, mencionou ao actual Grão-Mestre que "após 28 de setembro (data da sua instalação), este Avental de Sumo Sacerdote será teu"...

Denuncia e acusa aqueles que pretendem imputar ao Grão-Mestre ter pretendido destituir o Sumo Sacerdote do Arco Real, quando o que se solicitou foi precisamente informação internacional sobre a situação, que ficou amplamente clarificada como já se referiu atrás, e consta em detalhe do Despacho Normativo do Grão-Mestre. Aliás, em face dos graves acontecimentos descritos, e pouco depois destes, o Sumo Sacerdote do Real Arco Internacional assumiu os poderes em Portugal do respectivo Capítulo, desautorizando assim totalmente quem ocupava funções, precisamente, e por "coincidência", os três elementos que integram a "Junta" que assumiu o poder na Casa do Sino, e usurpou as instalações e patrimônio da Grande Loja.

Denuncia e acusa aqueles que pretendem simultânea e contraditoriamente o Grão-Mestre de ser contra o Grande Oriente Lusitano e os Maçons irregulares, e depois insinua que se pretende uma fusão com o GOL, e os que invectivam o Grão-Mestre de ser contra a Maçonaria feminina e simultaneamente, insinuam uma fusão com uma Organização Feminina. Curiosamente, no lançamento do seu livro "A Maçonaria, as Mulheres e a Internet", onde o atual Grão-Mestre reafirma a posição tradicional de não admissibilidade de mulheres na Maçonaria Regular, foi Fernando Teixeira quem referiu, para surpresa de muitos, que esse Landmark teria de ser revisto.

Denuncia e acusa aqueles que insinuam que o Grão-Mestre pretende aproximar-se da Inglaterra, em desfavor das demais relações internacionais, por interesses próprios profissionais, quando foi precisamente o fato de o Grão-Mestre ter relações antigas e privilegiadas, e independentemente de relações maçônicas, com Maçons ingleses al-

tamente colocados, que muito favoreceu a obtenção da regularidade da GLRP (em especial ser reconhecida pela United Grand Lodge of England), quando o fato de o ex-Grão-Mestre ter, na altura, um processo pendente numa queixa na Polícia Judiciária (caso Papamikail), era de molde a fazer perigar aquela relação, e a obtenção do reconhecimento.

Denuncia e acusa aqueles que consideram ser-lhe imputável uma Sessão "selvagem" de consagração da Loja "Miramar", no Porto, em 16 de novembro, da qual esteve ausente, e que contou com a presença do então Pró-Grão-Mestre, J.M. Moreira, sem que este tivesse levantado algum problema ou questionado a irregularidade do ato, onde foi interveniente ativo.

Denuncia e acusa aqueles que consideram que o Sumo Sacerdote do Arco Real, então Fernando Teixeira, deveria ter sido "convocado" para uma reunião de simples coordenação de informação maçônica, quando aquele, por ser ex-Grão-Mestre fora expressamente convidado, para um jantar particular, em casa do Grão-Mestre, para o dia seguinte ao da referida reunião, na companhia de J. Medeiros, também com funções no mesmo Arco Real, para que, tendo em conta a cortesia e a deferência que lhe pareciam merecer o ex-Grão-Mestre, os assuntos maçônicos pudessem ser abordados tranqüilamente.

Denuncia e acusa aqueles que consideram intimidatório o pedido de relato do acontecido na Loja "Gomes Freire de Andrade", a X, quando este foi o autor de uma moção que violava a harmonia da Loja, a lealdade ao Grão-Mestre, e em geral os deveres maçônicos de fraternidade e solidariedade entre Irmãos, como se o Grão-Mestre não tivesse o direito e o dever de exercer os poderes necessários para determinar a instauração de processos disciplinares a quem transgride a Constituição e regulamentos da Grande Loja...

Denuncia e acusa aqueles que despudoradamente qualificaram a sua atividade de Grão-Mestre como pouco honrosa, pouco digna, e lesiva dos interesses e bom nome da GLRP, de terem claramente profanado e conspurcado com segurança privada, ocupando instalações maçônicas, a Grande Loja, afastando Regulamentos e ***Landmarks*** *e dando um espetáculo público inaudito antimaçônico, e de antidemocraticidade.*

Denuncia e acusa aqueles que especulam com a publicação de uma fotografia na Capital de 29 de novembro, que não revela nenhum segredo maçônico, e em que apenas se vislumbram estrangeiros. Aliás, existem mais de 90.000 livros que "revelam" "segredos maçônicos", entre os quais os do fundador e Grande Oficial Ad Vitam da GLRP, Daniel Laurent, disponível em muitas livrarias francesas e que esteve à venda na GLRP, bem como o vídeo da United Grand Lodge of England das Cerimônias solenes da Grande Loja por ocasião dos seus 275 anos, comercialmente, denuncia e acusa aqueles que revelaram à imprensa que tal foto "revelava" segredos maçônicos.

Denuncia e acusa aqueles que pretendem que o Grão-Mestre, como qualquer cidadão, não se possa corresponder com quem quer que seja, incluindo o Presidente dos EUA sobre questões mundiais da Paz, em Angola, Moçambique ou Timor, e que parecem pretender que o Grão-Mestre deveria ter recusado receber um cartão de votos de feliz aniversário que o Presidente Clinton lhe endereçou. E será que o Grão-Mestre não se devia ter solidarizado com o Presidente da CML, por ocasião do incêndio, e tendo-o feito, deveria recusar uma carta de agradecimento que lhe foi dirigida? Não podia ter convidado o Padre Vitor Milícias a realizar uma conferência num jantar debate, à semelhança de tantos outros que já organizara?, e não deveria o Grão-Mestre convidar o Padre Vitor Feytor Pinto para a bênção do pão do jantar da Grande Loja, e tendo recebido uma carta de agradecimento, não deveria tê-la agradecido? Nem a ter mostrado aos seus Irmãos para que estes comprovadamente confirmem que o Grão-Mestre tudo, mas tudo faz a bem da dignidade e prestígio da Grande Loja? Será que o Grão-Mestre também não deveria ter escrito ao Presidente da República, desejando-

lhe a recuperação da grave intervenção cirúrgica de que foi alvo, e que igualmente deveria ter recusado receber uma carta de cortesia em que se agradece esse fato? E não devem os Irmãos ter disso conhecimento? E serão estas atitudes institucionais sintoma de insanidade maçônica ou de protagonismo mediático?

Denuncia e acusa aqueles que lhe imputam a afirmação, de ter dito que a Maçonaria irregular tinha intenções de "enforcar o último rei nos intestinos do último padre", quando a frase é do Bispo de Olinda, Brasil, (transcrita da pág. 60 do seu livro da edição D. Quixote), e citada, no programa de rádio de Carlos Pinto Coelho, como exemplo da intolerância e das acusações sectárias que no século XIX levaram ao antagonismo entre Igreja e Maçonaria, e que, salientou na altura, se acham hoje ultrapassadas.

Denuncia e acusa aqueles que confundem a posição de arrendatário de uma casa, com o direito de esse arrendatário formal (já que não pagava renda ao senhorio), se considerar, apesar de Irmão Maçom, dono todo poderoso de uma organização que legitimamente era sublocatária, e autorizada pelo próprio senhorio e por escrito, a desenvolver aí as reuniões da Maçonaria e a promover jantares para ações filantrópicas e de solidariedade social, suportando o respectivo encargo de rendas...

Denuncia e acusa aqueles que, não tendo sequer tido acesso à última (do ex-Grão-Mestre...) versão do Regulamento da GLRP, aliás nunca aprovada em Grande Loja, e portanto nunca publicitada na Obediência, aceitem o princípio de que o ex-Grão-Mestre (Jubilado), possa ter prerrogativas (isto é, direitos honoríficos) de tipo ***sui generis****, sendo iguais, ou até superiores, aos do Grão-Mestre eleito, pois que lhe permitiria... depor este! Isto é, denuncia os que pretendem subscrever a idéia de que existe um Grão-Mestre-do-Grão-Mestre, ou mesmo dois Grão-Mestres, quando, nos termos dos Regulamentos, e da Tradição, Usos e Costumes Maçônicos, o Grão-Mestre eleito é o Chefe Supremo da Grande Loja. Na realidade, ter "prerrogati-*

vas inerentes ao cargo", só poderia referir-se ao cargo honorífico de Grão-Mestre Jubilado ou ex-Grão-Mestre, e não de Grão-Mestre eleito, como fica totalmente clarificado.

Denuncia e acusa aqueles que esquecem que Fernando Teixeira, ex-Grão-Mestre, em carta dirigida ao então Venerável Mestre da Loja Europa, em 28 de novembro[141]*, escreveu: "Sem que para tal tivesse feito fosse o que fosse, sou desrespeitado, insultado e caluniado, sendo-me atribuídos propósitos de reconquista de um poder de que abdiquei voluntariamente" quando por outro lado se arrogou numa interpretação fantasiosa do Regulamento de ser o Grão-Mestre do Grão-Mestre, com ilimitados poderes autoritários de "diktat", discricionários e absolutos, só de si conhecidos, para pôr e dispor da Obediência.*

Denuncia e acusa aqueles que malevolamente impediram que mais de dois meses após a Cerimônia da Instalação ainda não tinham feito chegar a todos os Irmãos da Obediência o discurso do Grão-Mestre na sua Instalação, e a sua comunicação ao Encontro Mundial de Grão-Mestres, cujo teor demonstra à saciedade o evidente respeito por Fernando Teixeira, principal fundador da GLRP, o posicionamento do Grão-Mestre sobre a regularidade e a política de relações internacionais, o seu apego à defesa dos ***Landmarks*** *e do segredo ou sigilo maçônico, a ponto de ter afirmado que era favorável à reintrodução de pseudônimos maçônicos e que bem compreendia as ausências a reuniões da Grande Loja, quando estas se efetuavam em locais não ocultos a profanos (e mediatizadas pela televisão, por decisão única e exclusiva, e sem consultar os Irmãos, do anterior Grão-Mestre).*

Denuncia e acusa aqueles que despudoradamente rasgam a Constituição, os Landmarks e o regulamento e "ad-hoc", de forma selvagem o viciam, criando imprevis-

[141] Posteriormente expulso na Sessão de Grande Loja, que reuniu em 21 de janeiro, após conclusão do processo disciplinar que lhe foi instaurado, bem como aos demais referenciados como agentes da conspiração e atentado descritos.

tos "Governos da Grande Loja", auto-designados, criam infrações inexistentes como a de "insanidade maçônica", e decidem impedir a entrada do Grão-Mestre nas instalações; destituem-no sem ninguém consultar, promovem uma assembléia "popular" para o julgar, sem ser ouvido, e do fato divulgam comunicados e transmitem falsidades e calúnias para a comunicação social, num protagonismo mediático inédito, que só pode causar prejuízos à Maçonaria Regular, e à própria imagem de Portugal no estrangeiro[142].

Denuncia e acusa aqueles que subscrevem comunicados, detalhados no insulto, e embora internos para a obediência, com ampla divulgação, incluindo a comunicação social, já após os fatos atrás relatados, e que acusam de forma paranóica o Grão-Mestre de "funcionamento projectivo", delírio megalômano", "delírio persecutório", "abuso de poder", "irregularidades diversas", "comportamento antimaçônico grave", "idiota útil", quando o que é certo é que o atual Grão-Mestre tudo fez e tem feito para preservar a regularidade maçônica gravemente afetada pelos atos irresponsáveis verificados a partir da madrugada de 7 de dezembro, e tem sido extremamente contido perante a comunicação social, que aliás, de forma normalmente esclarecida, e maioritária, não tem deixado de se colocar do lado da legalidade democrática e da legalidade maçônica, mesmo em programas humorísticos, como o da Contra Informação na RTPI.

Denuncia e acusa aqueles que num último repentismo de paranóia o apelidam de anti-Grão-Mestre, inventam mensagens gravadas de "ameaças", obviamente não

[142] Muito posteriormente ao texto, os fatos vieram dar infelizmente razão ao que antecipadamente se previa: basta ler o conjunto de reportagens do jornal Tal e Qual de 30, 16 e 2 de maio, a propósito da Casa do Sino, identificada infelizmente pela sigla GLRP, e qualificada impropriamente por Maçonaria regular, e a referência despudorada a nomes de pessoas que são identificadas como Maçons (serão?), a inquéritos da Polícia Judiciária e do SIS a acontecimentos que nada têm a ver com autênticos e verdadeiros Maçons, nem com a Maçonaria regular, reconhecida universalmente. Felizmente que a Grande Loja Legal de Portugal/GLRP nada tem a ver com tais notícias.

transcritas, inventam telefonemas anônimos ameaçando invasão de instalações, e caiem mesmo no ridículo de querer fazer crer a incautos haver "intrusão de elementos provocatórios" (quais?, quando?), que automóveis, a altas horas disparam tiros "intimidatórios para o ar", passando velozmente pelas instalações da Casa do Sino!

Denuncia e acusa aqueles que pretendem fazer crer que o Grão-Mestre inventou um "órgão soberano" (?), o Grão-Mestrado, nome tradicional dado às reuniões de aconselhamento promovidas pelo Grão-Mestre com alguns Grandes Oficiais, para assuntos específicos – Grande Secretário, Grande Tesoureiro, Vice-Grão-Mestre, Grande Chanceler, Adjunto do Grão-Mestre e Assistentes do Grão-Mestre – e que por ser informal e consultivo, em nada viola o Regulamento, e ao qual podem comparecer, a convite, quem se entender útil, em função dos assuntos agendados, incluindo representantes dos Altos Graus.

Finalmente, denuncia e acusa aqueles que, desenvolvendo de forma tão sistemática e premeditada o terrorismo psicológico e tais atitudes antidemocráticas, ainda mintam despudoradamente, e afirmem que os "mediadores" J.M. Moreira e J. Medeiros lhe solicitaram que convocasse o Soberano Colégio de Grandes Oficiais, quando tal nunca o fizeram, antes de forma insidiosa e traiçoeira, em vez de mediarem um conflito, lhe transmitiram um ultimatum inaceitável. Se o objetivo último era preservar o aparente investimento imobiliário de alguém na Casa do Sino, não teria sido necessário o ataque à Maçonaria Regular. Se o objetivo último era decapitar a GLRP do seu Grão-Mestre, ou instrumentalizá-lo, como figura decorativa para captar negócios obscuros tipo "P2", então, o ataque à Maçonaria Regular foi frustrado. Se o objetivo foi a tentativa de assassínio da GLRP, os seus autores suicidaram-se maçonicamente de forma irreversível.

Resta desmontar a acusação invejosa de protagonismo mediático feita ao Grão-Mestre. Como, se este não se exibe em colunas sociais, nem aparece a escrever artigos mundanos, políticos ou maçônicos na comunica-

ção social? O Grão-Mestre tem-se limitado a corresponder a entrevistas sérias que lhe foram colocadas: pelo DN em 27/9; pela TVI em 28/10; por alguns programas de rádio, que aliás, tiveram o efeito útil de desencadear muitos pedidos de interessados a pedir informações sobre a Maçonaria. Quem mediatizou recentemente a GLRP, e sob direta orientação do ex-Grão-Mestre, Fernando Teixeira, foi o Encontro Mundial de Grão-Mestre, e a ocupação das instalações, seguida do comunicado relativo à "insanidade maçônica" do Grão-Mestre!!! É verdade, porém, que o Grão-Mestre eleito e em funções foi o único Maçom regular a publicar dois livros sobre Maçonaria no espaço de um ano, apresentados sempre em conferências de imprensa que contaram com a presença do ex-Grão-Mestre Fernando Teixeira, e se mais Irmãos não se assumem publicamente como Maçons, tal fato não lhe deve ser imputado.

Não houve, porém, cisão, nem dissidência.

A GLRP continua como Obediência Iniciática e simbólica, apenas tem um novo número de contribuinte, um novo cartão de pessoa coletiva como Grande Loja Legal de Portugal/GLRP – Associação, nos termos da lei – tudo para evitar a ligação aos atos ilegais e sujeitos a implícito judicial que ocorreram com a ocupação da Casa do Sino. Todos nós, Maçons regulares, continuamos na mesma Obediência onde fomos Iniciados, e através dela mantemos e vamos manter as relações e reconhecimentos internacionais.

O que há, em vez de uma anunciada cisão, é uma auto-exclusão da Maçonaria de quem se mostrou maçonicamente e publicamente indigno de ser considerado Maçom, quer em Portugal, quer em todo o Universo, e basicamente por uma razão: terem abjurado do Grande Arquiteto do Universo, terem conseqüentemente cometido traição, e por isso grave perjúrio.

Que deles não haja mais memória entre nós, até que o Oriente Eterno os receba e lá sejam absolvidos.

Nós, Irmãos Maçons regulares, temos por diante a

tarefa urgente e ingente da Regeneração da Maçonaria Regular, em Portugal, tarefa do presente e com um futuro promissor, conforme o programa para cinco anos que apresentei no momento da instalação como Grão-Mestre. Programa da maior utilidade para a cooperação lusófona e para a sociedade portuguesa, que se acha extremamente fragilizada, em vários setores sociais como todos os dias nos damos conta, e que por isso muito tem a esperar de positivo, da elite que é, e deve ser a Maçonaria.

Apenas recordo, a concluir, o que repeti e escrevi várias vezes que nunca desejei ser Grão-Mestre; que sempre me opus à renúncia do meu antecessor (que aliás várias vezes substitui temporariamente por motivo de doença), e que não me move nenhuma ambição ou desejo de poder. Porém, uma vez eleito, instalado e consagrado como Grão-Mestre, por cinco anos, cumpro com os meus juramentos, e nesta posição me manterei até que por convicção pessoal livre, ou por termo de mandato, for nos termos da nossa Constituição substituído por um Grão-Mestre legitimamente eleito. É que o poder da Maçonaria é um poder espiritual, e como tal inatingível, alheio a manobras obscuras de bastidores que visam desvirtuar uma herança ancestral, deísta, iniciática e simbólica, de caráter Universal, que é de todos nós. Que a todos nós cumpre valorizar em Fraternidade.

À Glória do Grande Arquiteto do Universo!

Estão apresentados os fatos, lamentáveis para mim. Mas eu não lamento por mim, pois sou historiador profissional; lamento por nós, os Maçons!

Ainda o "Affair" Nandin de Carvalho

A propósito dos artigos que estamos publicando na revista "A TROLHA"[143] a respeito da crise que envolveu segmentos da Maçonaria portuguesa, recebi, há poucos dias, de um Irmão que participa de uma lista maçônica, o texto abaixo:

> *O nosso Irm∴ que assina o texto deveria revê-lo antes da respectiva publicação em "A TROLHA", porque, quem não sabe do que se trata, continuará a não perceber nada... Sinto muito dizê-lo, inclusive, perguntando por que um órgão maçônico de um país soberano aceita que nele se assumam posições explícitas de ingerência (pela força da opinião) nos assuntos maçônicos de um outro país soberano.*
>
> *b) O relato que encontramos no texto nada tem a ver com a Maçonaria, assim como, numa qualquer casa*

[143] Publicados entre dezembro de 1999 e fevereiro de 2000. Fazem parte do capítulo anterior.

de família, uma discussão entre irmãos nada tem a ver com o prédio ou com o bairro, ou com a cidade, etc., etc.

c) Como informação, posso adiantar que, na GLRP, os IIrm∴ que estiveram no centro dos confrontos da crise iniciada em dezembro de 1996 já pediram o "quite-placet" da Ob∴, donde, ela prossegue os seus trabalhos em paz, com a maior parte dos seus OObr∴ a não terem nada a ver com os conflitos do passado. A GLRP existe, possui um G∴ M∴ eleito, o M∴ R∴ I∴ Arquitecto Marques Miguel e, na generalidade das opiniões que tenho recolhido, os OObr∴ das várias LLoj∴ pura e simplesmente não aceitam o Irm∴ Nandin de Carvalho como seu Grão-Mestre, não porque o tenham conhecido pessoalmente, mas porque não aprovam a sua postura. Estão no seu direito. Exerçamos o direito de tolerância.

d) Pessoalmente, gostaria de não ver este tipo de matéria na Philaletes, uma vez que não tem qualquer tipo de relação com os objectivos aos quais a Lista se propôs desde o seu início, que prosseguem o ideal agremiador, construtivo, eclético, sincretista e fraterno da nossa Ordem. Bem entendido, é apenas um pedido, porque é prática de tolerância não cercear a informação entre IIrm∴. Deste modo, deverá dar-se o direito a qualquer parte de poder emitir a sua opinião, embora dentro dos limites do bom-senso e do respeito pela Ordem, em primeiro lugar, pelos IIrm∴, em segundo.

e) Esta Lista propõe-se ser um fio de ligação fraterno entre Ob∴, Ritos, Irmãos. Se estes esforços não forem amplamente apoiados dentro da Ordem por cada um de nós, ninguém se poderá queixar que a Maçonaria não consegue atingir os seus objectivos, pois, quem poderá exigir o que seja fora de sua casa, se não dá o exemplo em casa própria? Como poderemos conquistar os Profanos para os nossos ideais se perdemos tempo com subprodutos mentais marginais aos objectivos da Ordem? Quanta energia gasta em conflitos pessoais que reflectem apenas excessos de vaidade e de mediocridade!

Meditemos, meus Irmãos, porque o futuro não espera

e o passado afoga-se e submerge dentro das suas próprias ıtradições. É necessário um estado de consciência maçónico em todo o mundo maçónico. Não o que alguns querem que pensemos, submissos, quando deveríamos primar por Livres-Pensadores, mas aquilo que, em consciência, deveremos ser e não somos ainda.

Meditemos seriamente naqueles três Ob∴ que, um dia, entraram cada um por cada porta do Templo para perpetrar um dos mais bárbaros crimes contra a Humanidade e a suprema Arte de aproximar-se da Divindade. Que os M∴ M∴ (aqueles que detêm as maiores responsabilidades) voltem um pouco atrás no tempo e se relembrem daquelas inesquecíveis palavras: "A nossa Ordem está de luto porque (... ... ...) Serás tu um dos responsáveis?".

TFA – Vieira

A princípio fiquei perplexo seja com a maneira pela qual interpretou-se a transcrição de um texto da obra "A Maçonaria Entreaberta", que propus-me a comentar, como sempre faço, rigorosamente pautado no espírito acadêmico que me orienta, não fosse bacharel e mestre graduado em história pela Universidade do Estado do Rio de Janeiro, seja pela aparente xenofobia de que parece acometido o autor do referido texto. Neste sentido, cabe salientar que o historiador só pode ser levado a sério se a sua análise dos fatos tiver levado em consideração os pressupostos da chamada "História nova", com seus problemas, mentalidades e sobretudo com a inevitável preocupação heurística ***(Procedimento pedagógico pelo qual se leva o aluno a descobrir por si mesmo a verdade que lhe querem inculcar; Ciência auxiliar da História, que estuda a pesquisa das fontes)***.

Do Irmão Júlio Prata, de Portugal, recebi o e-mail abaixo que retransmito e encerro este episódio menor, na certeza de que a verdadeira fraternidade maçônica transcende fronteiras, censuras e opiniões contrárias ao irresignado interlocutor.

Estimado Irmão,

Tudo tranquilo por aqui. Ontem estive em contacto com o MRGM Luís Nandin de Carvalho que me transmitiu os seguintes dados:

««meu caro........

o que se passa eh que o novo pseudo Gm da casa do sino, arq. Marques Miguel anda a escrever a todo o brasil e a utilizar o anonimo do pseudonimo antonio vieira expulso do grupo UFG, e entretanto promotor do grupo de discussao philaletes, tambem em egroups,com, e brasileiro das versoes da casa do sino GLRP. Vale a pena esclarecer o interlocutor que os artigos da TROLHA estao correctos (tambem os li) e correspondem a verdade....nao ha nenhuma crise internacional, a GLLP/GLRP eh reconhecida pela conferencia de Gl reunida em sao paulo, pelo GOB e pelas GL dos estados brasileiros regulares, isto eh tanto pela UGLE como pela Conferencia dos GM da America do Norte como pela conferencia dos GS da EUROPA. Recebemos lais recentement confirmaçoes de novo reconhecimentos provenientes da america latina eda australia...tuo dito eh a pura das verdades...o arq marques miguel eh um pequeno impostor que foi eleito por vinte votos de entre 27..presenças...eh isso uma GL? nem a brincar, o que nao quer dizer que nao faça mal a maçonaria, quer portuguesa quer universal...claro que este texto pode ser reenviado ao seu amigo do Brasil que nada tem a temer com os seus artigos...

Um abraço
Luis Nandin de Carvalho
Grão Mestre

PS o arq, marques miguel trabalha para um luso brasilerio da GL do Estado de Rio de Janeiro e que mantem uma fundaçao na Caparica e eh dono de um hotel....eh perguntar ao nosso GS mais pormenores porque ele temnos.

LNC»»

Uma novidade, boa! Pela primeira vez, após os lamentáveis acontecimentos, a GLRP/GLLP possui uma sede digna desse nome. Conseguimos um espaço, no centro de Lisboa, com 300 m², com Templo e serviços administrativos. Já te podemos receber dignamente!...

Tríplice...
Júlio

José Álvares Maciel e a Maçonaria

Não deve surpreender a afirmação contida no novíssimo Dicionário do Brasil Colonial[144] de que José Álvares Maciel "afiliou-se à Maçonaria durante sua estada na Europa". Esta suposta Iniciação não é mencionada por K. Maxwell, na sua ***A devassa da devassa***, curiosamente arrolada como referência bibliográfica do verbete em questão.

Ouvimos com freqüência a afirmação de que o movimento de Vila Rica contou com a participação da Maçonaria, pelo fato de alguns participantes ou ideólogos terem estudado nas universidades européias.

É verdade que muitos estudantes daquela época, principalmente os que estudaram na França, se Iniciaram na Instituição. Entre os principais brasileiros que estudaram na Europa e que tiveram algum tipo de atuação no movimento de Minas Gerais, encontram-se José Álvares Maciel, José Joaquim da Maia e Barbalho e Domingos Vidal Barbosa.

Maia, natural do Rio de Janeiro, ingressou, em 1783, na

---

[144] Ronaldo Vainfas (direção), ***Dicionário do Brasil Colonial (1500-1808)***, São Paulo: Objetiva, 2000, p. 335.

Universidade de Coimbra, no curso de matemática, transferindo-se, em 1786, para a Faculdade de Medicina de Montpellier. Vidal Barbosa, nascido em Juiz de Fora, estudou na França, começando o seu curso de medicina em Montpellier e concluindo-o em Bordeaux. Maciel, nascido em Vila Rica, seguiu para Coimbra, em 1782, com seus irmãos Teotônio e Francisco, e matriculou-se na Faculdade de Filosofia, onde foi diplomado, em 1785, em Química, Física e História Natural, permanecendo um ano e meio na Inglaterra, em Birmingham, estudando mineralogia.

Em 1787 Maia, já minado pela tuberculose, que o levaria à morte, em 1788, relata a Maciel os contatos que tivera, na França, com Thomas Jefferson, ministro dos Estados Unidos, e com comerciantes de Bordeaux. Assim, todos eles mantiveram contatos a respeito de idéias emancipadoras e, evidentemente, não eram os únicos, já que, entre 1772 e 1793, trezentos estudantes brasileiros passaram pela Universidade de Coimbra.

A afirmação de que Maciel teria sido Maçom pode parecer plausível, pois a Maçonaria européia já era bastante pujante naquela época, principalmente na França e na Inglaterra. Em 1776, na França, já existiam 547 Lojas, dez das quais estavam localizadas em Montpellier, que, por sua grande atividade universitária, tinha, também, grande atividade maçônica, pois a Maçonaria da época reunia o topo da intelectualidade européia. Na mesma situação estava Coimbra, embora a Maçonaria portuguesa fosse bastante incipiente, em comparação com a da Inglaterra e a da França.

Com relação especificamente a Maciel, existe quase uma unanimidade de que ele teria sido Iniciado na Europa:

Lúcio José dos Santos: "José Álvares Maciel filiara-se à Maçonaria na França".

Joaquim Norberto de Sousa e Silva: "Vinha, o jovem Maciel, de países livres, onde adquirira rara instrução e onde fora Iniciado nos mistérios da Maçonaria".

O surpreendente é que nenhum dos autores citados menciona sequer uma fonte que comprove a Iniciação de Maciel. O único documento disponível a tratar do assunto é, felizmente, o mais elucidativo da controvérsia. Trata-se do testemunho do frade que assistiu os inconfidentes, frei Raimundo da Anunciação Penaforte, publicado com o título de ***"Últimos Momentos dos Inconfidentes***

de 1789", pelo frade que os assistiu em confissão, com notas do autor. Neste trabalho, escrito no calor da hora, na nota 17, o frade afirma categoricamente que José Álvares Maciel era Maçom. Esta afirmativa do confessor dos inconfidentes parece comprovar que Maciel era o único Iniciado na Maçonaria a participar do movimento. Diz a nota, literalmente:

> *Cunhado do Francisco de Paula. Era de uma rara instrução. Depois de ter freqüentado a Universidade de Coimbra e de ter recebido o grau de bacharel nas ciências naturais, viajou pela Europa, imitando Pedro, o Grande, no encoberto dos seus intentos – que eram visitar todas as fábricas e oficinas, o que conseguiu, pois alcançou o segredo de muitas; e os poria em execução, se essa abrasadora chama da liberdade que se prendeu em seu coração, ao passar pela fornalha da oficina da Franco-Maçonaria, não lhe devorasse as entranhas. Voltou à sua "pátria"; e a identidade de opinião e de costume, e parentesco, o precipitaram. Feliz queda, contudo! Todas as belas qualidades de sua alma renderam homenagem a seu Criador; a sua conversão foi sincera, e converteu os horrores da sua prisão em puras satisfações de seus pecados. Era um Paulo, persuadindo aos outros; e um Agostinho, dirigindo a Deus suas verdadeiras confissões*[145].

Analisada a questão do Maciel Maçom é preciso não esquecer que se a Conjuração Mineira tem sido tão discutida, com historiadores que sequer lhe deram qualquer importância, como Capistrano de Abreu, o seu papel é ainda mais questionado. Na verdade, apesar da forte evidência do Maciel Maçom, não há por que duvidar da assertiva de que a Maçonaria não participou da Conjuração Mineira, pois, comprovadamente, não existia Maçonaria no Brasil, em 1789, não sendo suficiente familiarizar-se com a leitura dos documentos; não basta conhecer as fontes secundárias, tampouco saber as opiniões e idéias de autores panfletários. É necessário verificar se o movimento atende às exigências do pressuposto da historiografia

[145] Frei Raimundo da Anunciação Penaforte – Últimos momentos dos Inconfidentes de 1789, pelo frade que os assistiu em confissão. Com notas do autor. REF: IHGB (ap. AMI 2:234, ver. e completado).

maçônica tradicional ou se satisfaz apenas a ambição de alguns pesquisadores. O que temos lido, infelizmente, na maioria das publicações maçônicas a respeito da Maçonaria na Conjuração Mineira, é a transcrição enfadonha do imponderável que não tem como resistir a um simples exame heurístico. A história pode não ser uma ciência, mas a sua metodologia tem que ser científica. A história, costumo dizer, não é um Tribunal que julga, mas uma madrasta que conspira. Devemos revisar permanentemente as nossas fontes e buscar novas alternativas para as nossas constantes dúvidas, nascidas das próprias contradições criadas pelo homem, este ser histórico por excelência.

Lilith. Um Texto Fundador da Mulher na Maçonaria

A Maçonaria, como todos sabem, procura suas origens em mitos fundadores de origens longínquas na corte de Salomão. São contribuições lendárias que estão ligadas aos grandes mitos da criação.

O nome "Lilith" tem uma filiação semítica e indo-européia. A palavra suméria "lil" significa "vento", "ar" e "tempestade". Lilith foi inicialmente associada às forças hostis da natureza, parte de um grupo de três demônios, um masculino e duas femininas: **Lilu**, **Lilithu** e **Ardat Lili**, esta última sendo a companheira do **portador da luz**[146].

Lilith também está sempre associada a uma mulher lasciva, sedutora e de rara beleza. Com seus longos cabelos negros mostra-se altamente sensual e destrutiva. Muito provavelmente os judeus a conheceram no cativeiro da Babilônia.

---

146 Remeto o interessado ao excelente trabalho de Pierre Brunel (organização), ***Dicionário de Mitos Literários,*** Brasília: Editora UNB/ José Olympio Editora, 1997, pp. 582/85.

Lilith é mencionada no Antigo Testamento, ***Livro dos Profetas, Isaías 34/14:***

> *Lá também descansará Lilith, achará um pouso para si em companhia dos gatos selvagens, das hienas, dos sátiros da víbora e dos abutres.*

Para transportar Lilith para a modernidade, entendida como estilo, costume de vida ou organização social que emergiu na Europa a partir do século XVII e que ulteriormente se tornaram mais ou menos mundiais em sua influência[147], vou chamar a atenção para os dois relatos da criação do homem e da mulher nos capítulos I e II do ***Gênesis*** de onde foi extraído o mito reatualizado de Lilith.

Modernamente ela é considerada a primeira mulher que ousou pronunciar o nome inefável que lhe deu as asas por meio das quais fugiu do Éden, abandonando o seu companheiro, com quem não se entendia.

Apesar de perseguida por três anjos – ***Sinou, Sinsinoi e Samengeloff*** – recusou-se a deixar sua nova morada no mar vermelho e a sua fuga transformou-se em expulsão. Tornou-se, posteriormente à criação da segunda mulher – ***Eva*** –, não mais criada do barro, mas de uma costela, uma rival vingativa para fazer o mal aos descendentes de Adão e Eva. Esta a razão de diversos textos judaicos associarem Lilith aos demônios com asas e formas humanas, inclusive na Cabala, onde vemos Lilith unir-se a Sammael.

Interessa neste estudo mostrar a Lilith transformada na mulher libertada e revoltada na afirmação dos seus direitos, na busca da igualdade em relação ao homem. Uma mulher rejeitada pela sociedade dos homens e que está sempre buscando o seu reconhecimento, ainda que para isso tenha que fazer "mal" aos homens.

Em diversas formas de sociabilidades, e entre elas, fundamentalmente, a Maçonaria, ela, a "mulher", está excluída sob o argumento de que, por sua própria essência, arrastaria os homens para o infortúnio.

É o próprio Pierre Brunel[148] que nos lembra certas associações de Lilith com a Rainha de Sabá na aparência falsamente

---

[147] Anthony Giddens, ***As Conseqüências da Modernidade***, São Paulo: Edusp, 1991, p. 11.

[148] Pierre Brunel, op., cit., p. 584.

luminosa. Cumulando com seus dons, o homem, se deixa prender por seus atrativos, ela o orienta para uma procura que o isola dos outros e o arrasta para um caminho que segue em sentido contrário à vida.

Portanto, o mito de Lilith, assim como a mulher moderna na Maçonaria, tem por objetivo afastá-la dos homens, por ser perigosa e destrutiva, apesar de certos homens estarem dispostos a visitá-la no seu exílio.

Assim, Lilith pode vir a representar possíveis respostas para a mulher excluída em determinadas sociabilidades centradas simbolicamente nos mitos fundadores de origens longínquas que não têm nada a ver com o racional. Trata-se do arrebatamento do Ser em contraposição ao Não Ser. O único caminho que pode ser transitado.

É possível que surjam aporias[149] a este ensaio. Entretanto, já ensinava Aristóteles que existe uma interessante ligação entre a lógica e a metafísica. O que procurei fazer foi convidar os meus ouvintes para verem as coisas de um outro modo, mas sempre cauteloso com os conceitos e com a linguagem. Lilith é o desejo libertado: a contestadora. Ela representa a mãe das excluídas. Ela é o prazer, o desejo, logo, o perigo, a transgressão, a culpa e o medo. Ela não pode participar do centro, da Ágora. Ela deve ser excluída do espaço da produtividade. Enfim, ela deve viver no exílio que escolheu porque corrompeu os valores da dominação masculina e ousou dizer que foi feita do mesmo pó e não admitir a submissão. Esta é Lilith!

[149] Estou me referindo a eventuais conflitos entre opiniões, contrárias e igualmente concludentes, em atenção às questões aqui expostas.

O Melhor de Bertrand Russel[150]

Bertrand Russel é considerado o mais importante livre pensador por seus conceitos morais, éticos, políticos e a respeito da religião.

Nascido aristocrata em 1872, Russel, falecido em 1970, com 97 anos de idade, escritor, ganhador do Prêmio Nobel de Literatura de 1950, nunca lhe faltou coragem para criticar a moral estabelecida pelas forças dominantes, assim como exerceu a crítica contra a religião, a política e a ética.

Pacifista, foi preso, pela primeira vez, em 1918, por condenar a guerra. Em 1940, teve revogada a sua nomeação para o City College de Nova Iorque sob acusação de ateísmo, uma ameaça à sociedade americana por suas idéias "fora do lugar" sobre sexo e casamento, expostas fundamentalmente no seu trabalho intitulado "O casamento e a moral".

Na sua luta pacifista protestou contra a Bomba Atômica e, em 1955, divulgou o seu manifesto "O perigo do homem" pela BBC, condenando os testes no atol do Bikini. Em 1955, assinou com

---

[150] Robert E. Egner (seleção), O Melhor de Bertrand Russel. Silhuetas Satíricas, Rio de Janeiro: Bertrand Brasil, 2000.

Einstein o “Manifesto Russel-Einstein, exigindo a proscrição das armas nucleares.

O melhor de Bertrand Russel pode ser encontrado no livro de Robert Egner. Nele foram selecionados os pensamentos espirituosos deste notável humanista que foi lorde Russel. Nesta coletânea vamos encontrar as principais idéias do filósofo sobre sexo e casamento, política, religião, psicologia, educação e ética. Os textos foram escolhidos numa vasta produção de mais de 70 livros escritos num período de mais de 70 anos. É o próprio Russel que prefacia a primeira edição, em 1958, com as seguintes palavras:

> *Eu não gostaria de ser levado a sério apenas quando sou solene.*
>
> *Quanto mais eu vivo, mais suspeito da solenidade, e vejo nela – não sempre, mas com muita freqüência – um disfarce da impostura. O que mais falta no mundo moderno é a tolerância cordial e benévola; e nada lhe é mais hostil a esta do que uma moralidade escabrosa e agressiva, que sentencia a maior parte dos seres humanos como réprobos. Contra a solenidade, a melhor arma é a agudeza de espírito. As outras armas, quase todas, só produzem outra solenidade dogmática e sectária.*

A obra está organizada em seis significativos capítulos que tratam da Psicologia, Religião, Sexo e Casamento, Educação, Política e Ética. Sua contribuição historiográfica está justamente na clareza do pensamento do filósofo, onde podemos destacar o seu antidogmatismo, sua crítica tanto ao capitalismo selvagem quanto ao socialismo da época, residindo aí a sua notável percepção dos fatos que se seguiram.

Brilhantes foram as intenções do autor desta seleção, Robert Egner. Formidável o seu instinto para “pescar” “O Melhor de Bertrand Russel”. Como não posso transcrever o livro inteiro, por mais que o desejasse, passo a analisar o que, na minha opinião, representa a mais pura expressão do livre pensamento. Com vocês, o melhor de lorde Russel.

1. PSICOLOGIA

A vaidade é uma motivação de enorme potência (...) O que a

vaidade precisa para se satisfazer é de glória, e esta é fácil de se obter sem o poder.

Nós amamos aqueles que detestam nossos inimigos e, se não tivéssemos nenhum inimigo, teríamos muito poucas pessoas a quem amar.

Pessoas vigorosas e brutais costumam ver a guerra com um certo deleite, desde que seja uma guerra vitoriosa e que não haja demasiada relação com pilhagens e violações. Isto ajuda muito a convencer as pessoas de que as guerras são justas.

Se é o demônio que tenta os jovens para que se divirtam, quem sabe não é esse mesmo personagem quem instiga os velhos a condenar-lhes a alegria?

Quando a afirmação vem antes e a evidência depois, existe um processo denominado "verificação", que consiste em confrontar a afirmação com a evidência.

2. RELIGIÃO

Os agnósticos, por exemplo, nem sempre são livres para assumir publicamente suas opiniões sem sofrer algum tipo de conseqüência desagradável, como discriminação no emprego ou perda de prestígio para a própria comunidade quando vem a público que alguém confessou o pecado final – não acreditar em Deus.

A liberdade religiosa é algo que devemos prezar, dizem; mas é preciso que este ideal seja estendido também àqueles que não professam nenhum dogma.

Todas as religiões são perniciosas e falsas. Para deixar de sê-lo, a religião tem de se libertar daqueles elementos perigosos – suspeita, medo e ódio – que conduzem, passo a passo, a uma escalada de perseguições organizadas.

Se um Deus existisse, é muito improvável que fosse dotado de uma vaidade exacerbada a ponto de se ofender com aqueles que duvidam da sua existência.

Às vezes fico chocado com as blasfemas de gente que se considera pia – por exemplo, freiras que tomam banho sem nunca tirar o roupão. Quando indagadas por que, se ninguém pode vê-las, respondem: "Ah, o senhor está esquecendo o bom Deus".

O que digo é que TODA FÉ CONDUZ AO MAL (...) Só falamos de fé quando queremos substituir a prova pela emoção.

Desde que a evolução se tornou moda, a glorificação do Homem assumiu uma nova forma. Dizem-nos que a evolução vem sendo guiada por um grande Propósito: durante os milhões de anos em que só existiram lodo e trilobitas, ao longo das eras dos dinossauros e samambaias gigantes, das abelhas e flores selvagens, Deus preparava o Grande Clímax. Finalmente, na plenitude dos Tempos, Ele criou o Homem, incluindo espécimes como Nero e Calígula, Hitler e Mussolini, cuja glória transcendental justificou o longo e doloroso processo. De minha parte, eu acho a danação eterna menos inacreditável, e com certeza menos ridícula, do que esta conclusão grotesca e impotente que somos chamados a admirar como o supremo esforço na Onipotência.

Dizia-se que a fé remove montanhas, e ninguém acreditava; hoje, ninguém tem dúvida de que a bomba atômica as remove.

De acordo com São Tomás de Aquino, a alma não é transmitida com o sêmen, mas criada em cada novo homem. Fica uma dificuldade: o nascimento extra-matrimonial de uma pessoa parece fazer de Deus cúmplice do adultério. Mas esta é uma objeção ilusória. A grave objeção que afligia Santo Agostinho é a que trata da transmissão do pecado original. É a alma que peca. Mas, se a alma não é transmitida e é criada uma alma nova para cada novo homem, como pode ela herdar o pecado de Adão: Isto não é discutido por São Tomás de Aquino.

Se tudo tem de ter uma causa, então Deus tem de ter uma causa. Se é possível existir algo que não tem causa, esse algo tanto pode ser o mundo como Deus, de modo que não pode haver nenhuma validade nesse raciocínio.

O agnóstico nunca está tão seguro do que sejam o bem e o mal quanto certos cristãos. Ele não pensa, como pensava no passado a maioria dos cristãos, que as pessoas que discordam do governo em abstrusas questões de teologia devem ser condenadas a uma morte dolorosa. Ele é contra as perseguições e bastante parcimonioso na condenação moral. "Pecado", para ele, é uma noção sem serventia. Ele admite, é claro, que certas formas de conduta são desejáveis e outras não, mas acredita que a punição das formas indesejáveis só é recomendada quando possui um caráter inibidor ou reformatório, e não quando é infligida por se considerar uma coisa boa em si mesma que o mau deva sofrer. Foi essa crença na punição retaliadora que levou o homem a aceitar o inferno. Esta é uma parte do mal causado pela noção de "pecado".

A conclusão é que o homem é uma criatura frágil, para a qual só resta a submissão e a adoração. O orgulho é uma insolência, e a crença no poder humano uma impiedade.

O Ser Onipotente que criou um mundo que contém o mal não originário do pecado deve ser Ele mesmo, ao menos parcialmente, o próprio mal.

Nutrir crenças agradáveis como meio de burlar o medo não é a melhor maneira de se viver. Enquanto a religião apelar ao medo, estará rebaixando a dignidade humana.

Toda a idéia de Deus deriva de antigos despotismos orientais. É uma idéia absolutamente indigna de homens livres.

A religião está fundada, eu penso, primariamente e sobretudo no medo. Em parte é terror do desconhecido, em parte é vontade de sentir que se tem uma espécie de irmão mais velho, que ficará do seu lado em todos os problemas e disputas. O medo é o fundamento da coisa toda – medo do misterioso, medo da derrota, medo da morte. A ciência pode ajudar-nos a superar este medo covarde em que a humanidade tem vivido por tantas gerações. A ciência pode nos ensinar, e eu penso que nossos próprios corações podem também, a não mais procurar à nossa volta ajudas imaginárias, a não mais inventar aliados no céu, mas, ao contrário, a olhar para nossos próprios esforços aqui embaixo para fazer deste mundo um bom lugar para viver, não aquele que tem sido construído pelas Igrejas no decorrer dos séculos.

Eu afirmo que as pessoas que crêem precisar de uma fé ou religião para poder enfrentar a vida demonstram uma espécie de covardia que em qualquer outra esfera da vida seria considerada desprezível. Em se tratando de religião, no entanto, isto é considerado admirável, e eu não posso admirar a covardia em nenhum âmbito.

Considero falsas e perniciosas todas as grandes religiões do mundo – budismo, hinduísmo, cristianismo, islamismo e comunismo. Dado que elas divergem entre si, é uma mera questão de lógica que só uma pode ter razão. Com muito poucas exceções, a religião que um homem abraça é aquela da comunidade em que vive, o que deixa óbvio que é a influência do meio que o leva a abraçar tal ou qual dentre elas.

Eu devo me considerar um agnóstico; mas, para todas as finalidades práticas, sou ateu. Não considero a existência do Deus cristão nem mais ou menos provável que a existência dos deuses do Olimpo ou de Valhalá. Para tomar outro exemplo: ninguém pode provar que não existe entre a terra e Marte uma chaleira girando em órbita elíptica, mas ninguém o considera provável o bastante para ser levado em conta na prática. Eu considero o Deus cristão simplesmente improvável.

Eu considero extremamente perigosa para a humanidade a atitude oficial da Igreja Católica para com o divórcio, o controle da natalidade e a censura.

Atualmente, a oposição da Igreja ao controle na natalidade significa, supondo-se que ele possa funcionar, que a pobreza e a fome devem permanecer para sempre como o quinhão da humanidade, que só pode ser aliviado pela bomba de hidrogênio.

Eu mesmo sou um dissidente de todas as religiões conhecidas e desejo a extinção de todo tipo de crença religiosa. Eu as vejo como doenças, como coisa que pertence à infância da razão humana e a um grau de desenvolvimento que agora estamos superando. Provavelmente ninguém, fora de alguma Missão Africana, ainda acredita que as crianças não batizadas vão para o inferno por ter Adão comido uma maçã.

3. SEXO E CASAMENTO

Tolstoi e Mahatma Gandhi estabeleceram, já na velhice, que TODO intercurso sexual é pecado, mesmo no casamento e com vista à procriação.

Os católicos, por exemplo, usam sua influência política para impedir que os protestantes pratiquem o controle da natalidade e, no entanto, têm de sustentar que a grande maioria das crianças protestantes nascidas de sua ação política irá sofrer o eterno tormento no outro mundo. Sua ação parece, assim, um tanto cruel, mas é claro que estes são mistérios que um profano não pode ter esperança de compreender.

A objeção mais comum ao controle da natalidade é a de que

ele é contra a "natureza". Malthus só via três maneiras de reduzir a população: o controle moral, a falta grave e a miséria. O controle moral, ele admitia, não seria provavelmente praticado em larga escala. A "falta grave", isto é, o controle da natalidade, ele, como clérigo, considerava uma abominação. Restava a miséria. Em sua confortável residência paroquial, ele contemplava com equanimidade a miséria da grande maioria do gênero humano, apontando as falácias dos reformadores que queriam aliviá-la.

O triunfo da educação cristã é quando um homem e uma mulher se casam sem terem tido nenhuma experiência sexual prévia.

A Igreja não mais afirma que o conhecimento é em si mesmo pecado, embora o tenha feito em seus dias de glória; mas a aquisição do conhecimento, embora não seja pecado, é perigosa, porque pode levar ao orgulho intelectual e daí ao questionamento do dogma cristão. Tomemos, por exemplo, dois homens: um que eliminou a febre amarela em uma grande região tropical, mas manteve, durante seu trabalho, relações ocasionais com mulheres com as quais não era casado; outro que era indolente e sem iniciativa, fez um filho por ano até a esposa morrer de exaustão e cuidou tão pouco da sua prole que a metade morreu de causas evitáveis, mas jamais entregou-se a relações sexuais ilícitas. Todo bom cristão deverá sustentar que este é mais virtuoso do que aquele.

4. EDUCAÇÃO

Não me envergonho nem um pouco de ter mudado minhas opiniões. Qual físico já ativo em 1900 pode se gabar de não ter mudado de opinião nos últimos 50 anos? Na ciência, os homens mudam de opinião quando novos conhecimentos vêm à luz, mas na cabeça de muita gente a filosofia está mais para a teologia do que para a ciência. Um teólogo proclama verdades eternas, e os credos permanecem inalterados desde o Concílio de Nicéia. Onde ninguém sabe nada, não há nenhum problema em se mudar de idéia.

Se você acha que sua convicção está baseada na razão, você a defenderá com argumentos, não com perseguições, e a abandonará se o argumento se voltar contra você. Mas, se sua convicção está baseada na fé, você perceberá que o argumento é inútil, e irá por conseguinte recorrer à força, seja perseguindo, seja tolhendo ou deformando as mentes dos jovens por meio daquilo que é chamado "educação". Esta é peculiarmente covarde, porque se beneficia do caráter indefeso das mentes imaturas. Mas é praticada em grau maior ou menor, infelizmente, nas escolas de todos os países civilizados.

Aristóteles sustentava que as mulheres tinham menos dentes que os homens; mesmo tendo se casado duas vezes, nunca lhe ocorreu verificar esta afirmação examinando as bocas de suas esposas. Dizia também que os filhos seriam mais saudáveis se concebidos quando o vento vinha do norte. É de se imaginar que ambas as senhoras Aristóteles tinham de ir lá fora e olhar o cata-vento toda noite antes de se deitar.

Não é de todo verdade que a persuasão é uma coisa e a força outra. Muitas formas de persuasão – inclusive muitas que todo o mundo aprova – são na realidade uma espécie de força. Vejamos o que fazemos com nossos filhos. Nós não dizemos a eles: "Tem gente que acha que a terra é redonda, tem quem ache que é plana; quando você crescer, vai poder, se quiser, examinar as evidências e tirar suas próprias conclusões". Ao invés disso, dizemos: "A terra é redonda". Quando eles tiverem crescido o bastante para examinar as evidências, nossa propaganda terá fechado suas cabeças, fazendo com que os mais convincentes argumentos da Associação da terra Plana não causem mais nenhuma impressão. O mesmo se aplica aos preceitos morais que consideramos realmente importantes, do tipo "não ponha o dedo no nariz" ou "não coma ervilhas com a faca". Podem existir, tanto quanto eu saiba, razões admiráveis para se comerem ervilhas com a faca, mas o efeito hipnótico da persuasão na infância me tornou completamente incapaz de avaliá-las.

O primeiro alemão a reparar em Hume foi Immanuel Kant, que até a idade de 45 anos se contentava com a tradição dogmática derivada de Leibniz. Depois, como ele próprio disse, Hume "despertou-o de seu sono dogmático". Depois de meditar 12 anos, Kant produziu a sua grande obra, a "Crítica da razão pura"; sete anos depois, aos 64 anos, produziu a "Crítica da razão prática", em que retomou seu sono dogmático depois de mais ou menos 20 anos de desagradável vigília.

Certas máximas simples deveriam, eu creio, ser recomendadas aos escritores de prosa expositiva. Primeiro: nunca use uma palavra longa se uma curta funciona bem. Segundo: se você quer fazer uma afirmação com muitos qualificativos, ponha alguns deles em frases separadas. Terceiro: não deixe o começo da frase levar o leitor a uma expectativa que é contraditada pelo final.

5. POLÍTICA

Para lorde Russel, o problema central da teoria política é[151]***:*** combinar o grau de iniciativa individual necessário para o progresso com o grau de coesão social necessário para a sobrevivência.

Quando lhe perguntaram se conseguia imaginar o mundo do século 21, Russel disse[152]***:*** Esta é uma pergunta impossível, que eu não vou considerar. Decididamente, não sei. O que eu penso é que, uma vez que se generalize o conhecimento da técnica nuclear, haverá a ameaça constante de uma guerra nuclear. A ameaça nuclear é um risco que vai perdurar enquanto os governos possuírem armas nucleares, e quem sabe ainda mais se esses artefatos destrutivos caírem em mãos privadas. Como Cassandra, estou fadado a profetizar o mal e não merecer o crédito. As promessas dela se realizaram. Eu desejo ardentemente que as minhas não se realizem.

O mundo seria um lugar mais feliz se o desejo de aquisição fosse sempre mais forte que a rivalidade. Mas, na verdade, pessoas sem conta enfrentariam de bom grado o empobrecimento se com isso pudessem assegurar a completa ruína de seus rivais. Daí o nível atual do imposto de renda.

Se uma pessoa oferece a alguém democracia e outra, um saco de arroz, em qual estágio da inanição esse alguém preferirá o arroz ao voto?

Um dos problemas da vaidade é que ela cresce com o que alimenta. Quanto mais se falar de uma pessoa, mais ela desejará que continuem falando.

Estou convencido de que a inteligência, a paciência e a eloqüência podem, cedo ou tarde, ajudar a raça humana a sair das

---

[151] Robert E. Egner., op. cit., p. 111.
[152] Idem, p. 112.

torturas auto-impostas, desde que ela não se extermine nesse meio tempo.

Creio ser absolutamente possível que, sob a influência das descobertas científicas e das possibilidades administrativas e de organização, o mundo possa ficar tão organizado, que não haverá nenhuma graça para ser desfrutada em lugar nenhum.

6. ÉTICA

> *Lorde Russel propunha um tipo de moralidade em que não houvesse lugar para superstições nem para a loucura organizada; onde os conhecidos gêmeos, medo e ódio, estivessem ausentes e na qual as pessoas se amassem com a mesma paixão com que hoje desejam a miséria de seus inimigos. Pode parecer que uma tal proposta seria recebida com júbilo pelas pessoas sensatas de todos os lugares, mas a humanidade pensa diferente e prefere continuar imitando seu passado bárbaro*[153].

Concluindo esta homenagem a este notável livre pensador, lorde Russel, esta figura controversa surgida no século XX, fica o alerta de que ele não ousou, apenas teve a necessária coragem de dizer o que muitos mantêm contido nas suas mentes apertadas e escravizadas por séculos e séculos de dogmas supersticiosos. São essas passagens pungentes escolhidas por mim do melhor de Bertrand Russel que ofereço à reflexão dos meus leitores. Meditem profundamente na grandeza deste pacifista e humanista por excelência. A derradeira convido-os a encerrar a leitura concentrando-se nestas palavras finais de Russel:

> *Penso que somente pessoas cruéis poderiam ter inventado o inferno. Pessoas com sentimentos humanos não teriam gostado da idéia de que os que fazem na terra coisas condenadas pela moralidade de sua tribo sofrerão eternamente, sem oportunidade de reparação. Não acredito que gente decente tenha jamais aceitado esta idéia.*

---

[153] Idem, p. 131.

O Irmão na Maçonaria

Os Maçons se tratam pelo nome singelo de "Irmão". O tratamento pressupõe fraternidade, princípio ímpar da Maçonaria. Entretanto, chamar o outro de "Irmão" não quer dizer o mesmo que um franciscano se considerar irmão em Cristo do seu semelhante. A Maçonaria não é uma religião e a sua fraternidade é laica.

Esta foi a razão pela qual há muitos anos passei a adotar a expressão "primo" para caracterizar todo aquele Maçom que não merece ser chamado de "Irmão". É impressionante a quantidade de "primos" que tenho encontrado no decorrer da minha experiência maçônica.

Em primeiro lugar é preciso construir um painel apropriado das nossas representações simbólicas. Nessas representações se destaca a figura do irmão; o irmão por opção, o ***brother*** do Harlen, o ***companheiro*** de lutas.

O Irmão na Maçonaria não deve impor as suas características pessoais no círculo onde exerce a sua sociabilidade. Deve, em nome do livre pensar, compreender as atitudes dos seus pares e, na medida do possível, esmerar-se para compreender e aprender com todos.

Ainda dentro das representações temos o drama narrado na lenda do 3º Grau, onde vítima e atores se conhecem como "irmãos". Daquela tragédia somos herdeiros, tanto de um quanto dos outros. Esta a beleza dialética da lenda. O fundamento da nossa ética.

Caracterizada por essa contradição profunda o episódio da construção do templo, desde que seja feita a justa transposição do mito em realidade, estabelece a fundação dos saberes que aprofundam a nossa busca constante do conhecimento.

O Maçom racionaliza o conceito aqui discutido. Ele deve compreender que a sua fraternidade não pode e não deve ser espiritual como regra geral de comportamento. Se um membro qualquer da Ordem se sente espiritualmente irmanado com determinado "outro" e do mesmo modo esse "outro" lhe retribui o sentimento, muito bem, está fechado o círculo. Todavia, a premissa não pode ser verdadeira como regra geral. Isto está muito claro no texto constitucional maçônico que pretendeu reunir pessoas, separadas por seus credos, no Centro de União proposto por James Anderson nos idos de 1723.

Para ser Irmão na Maçonaria é preciso "ser reconhecido como tal". Está na lei, está no próprio Ritual.

O Babuíno de Madame Blavatsky[154]

Peter Washington reside em Londres, onde é editor geral da Everyman Library. Crítico e ensaísta, foi professor de inglês e literatura européia na Universidade de Middlesex. Entre suas publicações estão: ***The Future of Thinking, Fraud – Literary and the End of English*** e ensaios sobre literatura e história.

Neste livro, o autor procurou analisar, da primeira metade do século XIX até a década de 1980, o surto religioso representado pelos movimentos teosóficos, espíritas, místicos, ocultista e afins. O epicentro, naturalmente, a Sra. Blavatsky.

Filha de uma família nobre russa, aos 17 anos fugiu de um casamento e iniciou uma viagem pelo oriente, onde iria buscar os fundamentos para a sua busca, o que lhe permitiu organizar um grande sistema que lhe rendeu milhares de adeptos em todo o mundo, entre aventureiros, lunáticos, charlatães, etc.... Até hoje ela inspira gurus espirituais, ávidos para "guiar" os incautos em nome da madame.

---

[154] Washington, Peter, ***O babuíno de Madame Blavatsky. Místicos, médiuns e a invenção do guru ocidental,*** Record: RJ/SP, 2000.

Diga-se de passagem que ela inspirou igualmente homens como Rudolf Steiner, Oscar Wilde, W.B. Yats, George Bernard Shaw e Aldous Huxley, para ficarmos apenas nestes.

De maneira muito acadêmica, Washington mostra a ascensão e queda da teosofia de Blavatsky. O grande entrecruzamento sugerido pelo autor – **o epicentro no livro** – está na polêmica com o darwinismo. Enquanto este propunha a evolução por uma necessidade de adaptação, a Teosofia advogava o princípio da evolução espiritual. Ele chega a dizer que a obra principal da madame – ***A Doutrina Secreta*** –, pareceria uma sátira à ***Origem das Espécies***, só que com espíritos. A própria Blavatsky mantinha um macaco empalhado na sua sala para demonstrar o seu horror a Darwin.

O livro também trata de personalidades como Gurdjieff, Krishnamurti, todos interessados em trazer do oriente uma fórmula mágica contra o materialismo, numa busca de um caminho entre ciência e religião.

A narrativa transcorre de forma leve e muito divertida. Sem ser grosseiro, o autor tratou de demolir o edifício artificial com a sua ironia inteligente e ferina. Para surpresa de alguns esta demolição encontra-se nas revelações de fraudes, charlatanismo, uso de sodomias, pedofilia e homossexualismo. Isto sem falar dos golpes contra o patrimônio de cabeças coroadas e intelectuais de ponta.

Um místico bem-sucedido possuía invariavelmente um carro importado de alto luxo e dispunha de um lugar isolado, normalmente de alto custo, para as suas reflexões e práticas espirituais. Tudo isto patrocinado por aqueles que buscavam o “caminho”.

De todos o que deve ser melhor observado é o Sr. Leadbeater, criador da co-Maçonaria. Ele e Annie Besant tentaram fazer de Krishnamurti um novo “Senhor do Mundo”, que se voltou contra os seus criadores.

O jovem Krishna parece ser poupado pelo autor. Sempre submisso, por volta dos seus 20 anos balançou o edifício de papel construído por Blavatsky e seus amigos, quando declarou que o homem tinha que encontrar suas respostas espirituais em si mesmo e nunca nas irmandades, nos mestres e nos gurus.

Os demais são tratados no fio da espada, como é o caso de Gurdjieff, um russo que hipnotizava seus discípulos, obrigando-os a aceitar tarefas humilhantes, que levaram alguns à morte, ao suicídio e ao agravamento de doenças crônicas.

A grande contribuição historiográfica do autor está na sua clara exposição contra a grande farsa representada naqueles movimentos místicos. Quantos foram e têm sido iludidos por falsos "senhores", "mestres", "gurus", que oferecem a solução final para as angústias humanas? E o mais grave: quantos insistem em se manter ligados a tais desvios tornando-se reféns de tais arapucas? É realmente uma lástima! A eles, especialmente, recomendo a leitura deste livro que sequer menciona a Maçonaria regular porque o que ele escreveu e comprovou não permite a identificação em nenhum momento da sociabilidade maçônica no ambiente daquelas representações. Que isto fique muito claro em algumas mentes que insistem em não apertar o interruptor da luz da razão. O trabalho de Peter Washington deve ser lido como um importante documento a respeito da grande fraude montada a partir do século XIX por astutos "guias de nada".

Já me referi ao macaco empalhado na sala da Blavatsky para demonstrar o seu horror a Darwin. Entretanto, não posso deixar de citar as derradeiras palavras do autor de "O Babuíno de Madame Blavatsky", referindo-se ao Sr. Chicoine, mais um desses controvertidos "guias espirituais", cuja doutrina e trabalho ele analisou, antes do seu desaparecimento.

> *Antes da partida (...) deixou uma mensagem final para o planeta. Uma carta circular foi enviada aos antigos alunos e observadores interessados, dizendo-lhes que seu mestre abandonara a missão porque todos eles tinham se mostrado estúpidos demais para compreendê-la. Chicoine acrescentava, a propósito, que tudo aquilo tinha sido uma grande piada e que a incapacidade de seus seguidores em aceitar isso era prova – se houvesse necessidade de provas – de que para eles seu ministério espiritual estava além da compreensão.*
>
> *Dos que receberam esta carta, pergunto eu, quantos ouviram enquanto a liam a risada distante do babuíno de madame Blavatsky?*

Mesa-Redonda da Maçonaria Brasileira

Em correspondência da revista maçônica **O Prumo,** de 1º de dezembro de 2000, recebi a solicitação para responder a quatro importantes questionamentos a respeito da Maçonaria brasileira.

A idéia da revista foi a de reunir as diversas respostas em uma espécie de mesa-redonda com o envio a cada um dos entrevistados/participantes, para eventuais comentários sobre as respostas do outro.

A primeira pergunta:

> *O ideário da Maçonaria, hoje, no que se refere à Igualdade e a Fraternidade, vem sendo alcançado? Podemos afirmar que a nossa Instituição está cumprindo o seu papel?*

Tratar metodologicamente categorias tais como a igualdade e a fraternidade não é simples. Precisar se a Maçonaria brasileira vem cumprindo o seu papel dentro do seu ideário exige um estudo preliminar dos conceitos.

Fraternidade, palavra polissêmica, de muitos significados. Ao contrário da Liberdade, legitimada por Kant nas suas 9 proposições ou por Hegel, que nos ensinou ser ela a consciência do possível, a Fraternidade transcende o ser e se identifica na consciência do próprio ser.

Léon Zeldis publicou pela Editora Kompás, Madrid, 1999, uma coletânea de trabalhos intitulada ***Entre la Escuadra y el Compás.*** Um dos artigos divulgados cuida da Fraternidade como um imperativo moral. Assegura que o significado etimológico é que os membros da fraternidade devem ter um para com outro os mesmos sentimentos de afeto que caracterizam os Irmãos dentro de uma família bem integrada, unida pelo sangue e educação, ideais comuns, exemplo dos pais e vida em parceria durante os anos formativos da personalidade.

A Fraternidade tornou-se sinônimo da própria Maçonaria. Um ***sentimento*** construtor de uma sociedade, de uma organização. Ora, uma virtude, uma ausência de vícios. Ao lado da liberdade, a fraternidade me parece a característica fundamental da Ordem e do próprio mundo, dentro de uma concepção democrática e igualitária. Com ela podemos desenvolver as virtudes defendidas em determinado Grau Maçônico. Ela é motor propulsor dos avanços da mente e da alma. Sem ela não existe Maçonaria. A liberdade pode ser o direito de ter e a igualdade o de ser, mas a fraternidade é muito mais, porque não está limitada àquelas categorias.

Se o Maçom estiver disposto e devidamente preparado para compreender o conceito estará apto a exercer, na plenitude, a liberdade que a fraternidade maçônica lhe oferece. Daí a importância do conceito.

A segunda pergunta:

> *A proliferação de Lojas Maçônicas é um fenômeno que se observa em todas as Obediências, em todo o País. Qual a sua opinião a respeito?*

Não acredito que a proliferação de Lojas Maçônicas signifique necessariamente qualidade. As Academias de Letras Maçônicas, as Lojas de Pesquisas, e os diversos segmentos culturais maçônicos estão ocupando o espaço de determinadas Lojas que praticam o "inútil".

Aqueles que assumiram a responsabilidade de dirigir,

organizar e desenvolver a Maçonaria brasileira, sejam eles Grão-Mestres, Veneráveis, etc., devem se interessar pelo estudo da Maçonaria começando por avaliar os instrumentos metodológicos e as diversas abordagens em relação à história cultural desta sociedade, que possui um vasto campo cultural de produtos simbólicos, contrapondo as formas de ser de outras formas de sociedades, até mesmo "assemelhadas".

A terceira pergunta:

Considerando as peculiaridades dos tempos atuais, em que parece haver uma crise de valores éticos e morais, qual o perfil ideal do homem Maçom?

A Maçonaria brasileira precisa estar consciente da grave crise a que está submetida a humanidade e deve propor o seu próprio projeto ético.

O homem Maçom deve compreender que faz parte de um importante meio alternativo de sociabilidade. Nesta sociabilidade deve defender uma concepção ética do homem que afeta a sua natureza e a sua finalidade.

Deve buscar a resposta na própria essência ética e relativista da Instituição, que admite nos seus quadros homens que professam diversos credos, se reúnem sob um ritual próprio, onde é invocada a presença de Deus.

A quarta pergunta:

Quais as perspectivas para a Maçonaria no século 21?

O que podemos esperar da Maçonaria brasileira no século XXI é o desenvolvimento do seu humanismo e o apogeu dos centros de cultura nascidos no século atual. Estou me referindo às Lojas de Pesquisas e às Academias de Letras Maçônicas. Estes núcleos do saber têm sido responsáveis pelas transformações, ainda que muito lentas, da historiografia maçônica. Já podemos ler em alguns trabalhos referências às fontes primárias e secundárias, sem falarmos nas necessárias remissões e referências autorais.

O que espero da Maçonaria no século XXI é a transparência da sua fraternidade, onde os Irmãos se reconheçam como tal acima das pendências ideológicas e tendenciosas, provocadas pelas cisões desestabilizadoras do século XX.

O que espero da Maçonaria no século XXI é a elevação aos

Quadros dirigentes de Maçons verdadeiramente preocupados com o ***povo maçônico***, desafortunadamente excluído no século XX.

O que espero no século vindouro é a realização da sua plenitude social, das leituras, da memória do seu imaginário. Da transposição do mito para a realidade. Da razão como promotora do bem na direção do progresso e do bem-estar.

Promover estas idéias é caminhar na direção do entendimento da Maçonaria como meio alternativo de sociabilidade. A ética inspirando o Maçom num clima de cordialidade. Uma Loja universal planejando a liberdade, a justiça e a solidariedade.